Wolfram Karg

Simona Dujková

Katarína Vilčeková

Arbeitsbuch Alltagsargumentation

Das Buch erscheint dank der Unterstützung des Förderfonds für Forschung der Universität der hl. Kyrill und Method in Trnava, Slowakei.

Arbeitsbuch Alltagsargumentation
© 2018 Wolfram Karg, Simona Dujková, Katarína Vilčeková
Rezensenten: PaedDr. Monika Hornáček Banášová, PhD.
               PhDr. Ján Demčišák, PhD.

Verlag und Druck: tredition GmbH
                  Halenreihe 40-44
                  22359 Hamburg

ISBN 978-3-7439-7201-8
Paperback

Bibliographische Information der Deutschen Nationalbibliothek:

Die Deutsche Nationalbibliothek verzeichnet diese Publikation in der Deutschen Nationalbibliographie; detaillierte bibliographische Daten sind im Internet über http://dnb.d-nb.de abrufbar.

Inhaltsverzeichnis

Vorwort

Das vorliegende Arbeitsbuch ist das Ergebnis eines Projektes für junge Wissenschaftler, das von der Universität der Hl. Kyrill und Method in Trnava finanziert wurde. Drei junge Angehörige des Lehrstuhls für Germanistik haben aufgrund ihrer Erfahrung aus der Lehre versucht, eine Möglichkeit zu entwickeln, mit der man den Studierenden grundlegende Fähigkeiten zum Argumentieren vermitteln kann. Der praktische Gebrauch und das eigene Produzieren von Äußerungen steht dabei im Mittelpunkt. Dass es dafür Bedarf gibt, kann man sehr oft im Unterricht bemerken. Die Studierenden trauen sich oft nicht, sich mit Redebeiträgen am Unterrichtsgeschehen zu beteiligen. Sie trauen sich dies oft deswegen nicht, weil sie denken, dass sie wegen ihrer grammatischen Fehler verbessert werden. Darum konzentrieren sie sich meistens nur auf die grammatikalische Korrektheit der Äußerungen. Doch eine Äußerung, deren Inhalt noch gar nicht feststeht, kann auch nicht grammatikalisch korrekt sein. Der Fremdsprachenunterricht für das Fach Deutsch konzentriert sich oft nur auf das Formen korrekter Sätze. Die Grammatik steht also im Vordergrund. Darüber wird oft vergessen, dass man auch über kognitive Inhalte verfügen muss, um sich überhaupt an einem Gespräch oder an einer anderen Interaktion beteiligen zu können.

Man muss aber einwenden, dass die knappe Zeit, die im Unterricht zur Verfügung steht, nicht anders verwendet werden kann. Darum ist gerade die Schule nicht der Ort, an dem man die Argumentationsfähigkeit schulen sollte, sondern die Universität. Für genau solche Situationen ist das Buch gedacht. Es richtet sich an Studierende, die noch relativ am Anfang ihres Studiums stehen, deren Sprachkenntnisse aber schon soweit ausgebaut sind, dass sie sich auch zu komplexeren Themen äußern können.

Hintergrund dieser Konzeption ist die Erkenntnis, dass viele Studierende es nicht gewohnt sind, eine eigene Meinung zu bilden und zu vertreten. Das vorliegende Arbeitsbuch hat das Ziel, dazu entsprechende Hilfestellungen zu geben. In kleinen Schritten können die Studierenden sich so an häufig im deutschsprachigen Raum diskutierte Fragen herantasten. Sie lernen dabei neben landeskundlichen Themen auch die grundlegende Fertigkeit zur sachlichen und zielgerichteten Argumentation, die dann auch in anderen Kontexten angewendet werden kann.

Das Konzept des Arbeitsbuches ist auf die Verwendung im Kurs ausgerichtet. Die Übungen und Kapitel müssen nicht streng nach der abgedruckten Reihenfolge bearbeitet werden. Viele Übungen sollen in Gruppenarbeit erledigt werden, doch es gibt auch Aufgaben, die man in Einzelarbeit erledigen kann. Somit ist das Arbeitsbuch auch für das Selbststudium geeignet.

Danken möchten die Autoren Frau Viera Krešáková, Fachassistentin an der Matej-Bel-Universität Banská Bystrica, Christian Ahlrep, DAAD-Lektor an der Wirtschafts-Universität Bratislava, Thomas Edeling, ehemaliger Lektor an der Matej-Bel-Universität Banská Bystrica für wertvolle Hinweise.

1 Einführung in das Argumentieren

1.1 Wo argumentiert man?

Aufgabe 1: Denken Sie an folgende Situationen. Überlegen Sie: In welchen Situationen wird argumentiert? Begründen Sie.

Verkaufsgespräch

Bundestagsdebatte

Bedienungsanleitung

Strafmandat/Bußgeldbescheid

Vorstellungsgespräch

Suchen Sie in Ihrem persönlichen Alltag nach weiteren Situationen, in denen Sie argumentieren müssen. Beschreiben Sie diese Situationen.

Anweisungen zum Argumentieren

Woran erkennt man, dass man argumentieren soll?

a. In der Schule gibt es oft klare Anweisungen:
   Argumentieren Sie!
   Erörtern Sie...!
   Nehmen Sie Stellung zu...!
   Schreiben Sie...!
   Wie finden Sie...?
   Begründen Sie [Ihre Meinung]!
b. Im Alltag ist das oft nicht so klar. Man muss auf Signalwörter achten:
   Warum haben Sie das [so] gemacht?
   Erklären Sie mir [mal] bitte, wie Sie darauf kommen.
   Das verstehe ich jetzt nicht.
   Welche Gründe gibt es dafür?

1.2 Was ist ein Argument?

Sachliche Argumente erkennen

Argumentation muss sachlich bleiben. Nur so kann eine Diskussion zu einem sinnvollen Ergebnis kommen. Unsachliche Argumente führen zu Streit und Beleidigungen. Die dringend gesuchte Lösung dagegen wird nicht gefunden, sodass das Problem weiterbesteht. Darum ist es im Interesse aller Menschen, sich sachlich an einer Diskussion zu beteiligen.

Aufgabe 2: Welche dieser Aussagen sind sachlich/unsachlich? Kreuzen Sie an.

Aussage	sachlich	Unsachlich
1. Das stimmt doch überhaupt nicht!		
2. Ein bedingungsloses Grundeinkommen gibt den Menschen die Möglichkeit, sich ohne wirtschaftliche Sorgen frei zu entwickeln.		
3. Das ist der größte Blödsinn, den ich jemals gehört habe!		
4. Ich denke nicht, dass ich stressresistent bin.		
5. Ich bin gegen ein generelles Tempolimit auf Autobahnen. Freie Fahrt für freie Bürger!		
6. Wir haben wissenschaftliche Erkenntnisse, dass Fernsehen dumm macht.		
7. Wer gut arbeitet, soll auch gut verdienen.		
8. Die Atomenergie bringt enorme gesundheitliche Risiken mit sich, die nicht zu beherrschen sind. Darum sollte man die Atomkraftwerke schließen.		
9. Woher wollen sie denn das wissen? Sie waren doch gar nicht dabei!		

1.3 Teile einer Argumentation

Man geht in der Argumentationslehre von drei Teilen der Argumentation aus. Der erste Teil ist die These. Das ist eine Behauptung. Die These ist eine eindeutige Antwort auf eine gestellte Frage. Solche Fragen können z. B. sein:

(1) Soll es ein generelles Tempolimit auf deutschen Autobahnen geben?
(2) Sollte das Rauchen generell verboten sein?
(3) Ist das Internet gefährlich?
(4) Sollte ich diese teuere Jacke kaufen?

Die meisten dieser Fragen sind als Entscheidungsfragen formuliert, d. h. man kann mit „ja" oder „nein" antworten. Die These entsteht aus der positiven oder negativen Antwort auf die Frage, also z. B. bei (1):

a. Es sollte ein generelles Tempolimit auf deutschen Autobahnen geben.
b. Es sollte kein generelles Tempolimit auf deutschen Autobahnen geben.

Weil aber diese Formulierungen sich gegenseitig widersprechen, sollte man sie umformulieren, z. B.:

a. Ein generelles Tempolimit auf deutschen Autobahnen bringt viele Vorteile auf unterschiedlichen Ebenen.
b. Ohne generelles Tempolimit bestehen Probleme in den Bereichen Verkehrssicherheit, Umweltschutz und Finanzierung.

Dass der Inhalt der Behauptung stimmt, davon muss man die anderen Menschen überzeugen. Zum Überzeugen braucht man Argumente. Sie sind meistens als Begründungen formuliert. Man erkennt sie daran, dass sie oft mit Wörtern wie *darum, weil, denn, aus diesem Grund* beginnen. Oft sind Argumente auch als Bedingungen formuliert, man findet dann Wörter wie *wenn ... dann*. Argumente sind oft generelle Schlussfolgerungen. Die meisten Menschen können sie verstehen, weil die Schlussfolgerungen logisch sind. Ein Beispiel für eine solche logische Bedingung ist z. B.:

Wenn es Tag ist, dann scheint die Sonne.

Daraus kann man dann auch umgekehrt folgern:

Die Sonne scheint, also muss es Tag sein.

Übertragen auf Beispiel (1) kann man folgendes Argument für ein Tempolimit auf deutschen Autobahnen finden:

Wenn man zu schnell fährt, gefährdet man sich und andere.

Neben den Argumenten/Begründungen sollen auch Beispiele verwendet werden. Damit zeigt man, dass die Schlussfolgerung des Arguments auf die konkrete Fragestellung angewendet werden kann. Beim generellen Tempolimit kann man eine Beispielrechnung präsentieren, mit der man zeigt, dass der Anhalteweg bei hoher Geschwindigkeit viel länger ist als bei niedriger Geschwindigkeit.

Aufgabe 3: *Lesen Sie den Text und beantworten Sie die folgenden Fragen:*

Was versteht man unter einem Argument?
Was ist Argumentieren?
Welche Ziele verfolgt man beim Argumentieren?

1.4 Was macht ein Argument zum Argument?

Sätze sind nicht an sich Argumente oder Thesen. Alle Sätze sind zunächst Behauptungen, die wahr bzw. richtig oder falsch sein können.

Aufgabe 4: *Verbinden Sie jeweils zwei Sätze in eine sinnvolle Argumentation. Verwenden Sie dazu Konjunktionen, z. B.: da, weil, deshalb, damit, nachdem, denn. Achten Sie auf den richtigen Satzaufbau nach den Konjunktionen.*

• Wissenschaftliche Untersuchungen zeigen, dass Passivrauchen genauso schädlich ist wie Aktivrauchen.

- Der Ausbau einer schnellen Internetverbindung ist wichtig für das Land.

- In den Ländern, die schon ein Tempolimit haben, gibt es viel weniger Verkehrstote.

- Studierende haben wenig Möglichkeiten, eigenes Geld zu verdienen.

- Das Internet ist heute ein Kommunikationsinstrument, das heute nicht mehr fehlen darf.

- Die Studenten brauchen mehr finanzielle Hilfen.

- Das allgemeine Rauchverbot war eine gute Entscheidung.

- Ein generelles Tempolimit auf Autobahnen ist gut für die Verkehrssicherheit.

1.5 Argumentieren im Verkaufsgespräch

Ein Verkaufsgespräch gehört auch zu den Situationen, in denen man argumentieren muss. Lesen Sie das Verkaufsgespräch.

Verkäufer (V): Guten Tag, wie kann ich Ihnen helfen.
Kunde (K): Grüß Gott! Ich suche ein Fahrrad.
V: Wofür wollen Sie das Fahrrad benutzen? Möchten Sie damit hauptsächlich in der Stadt fahren, oder soll es ein Sportgerät sein?
K: Ich will damit vor allem zur Arbeit fahren.
V: Gut, dann sind unsere City-Bikes für Sie geeignet. Wir haben im Moment drei Modelle da. Eines ist eher preiswert, das andere im mittleren Bereich und das dritte ist ein individuell produziertes Rad ganz nach Ihren Wünschen.
K: Also ich brauche ein Fahrrad, das zuverlässig ist, denn ich will ja fast jeden Tag damit fahren.
V: Dann nehmen wir doch das mittlere Rad. Es wird von einem Traditionshersteller produziert, der sehr auf Qualität achtet.
K: Das klingt schon mal sehr viel versprechend. Kann man denn auch die Sitzposition einstellen.
V: Sie sind recht groß gewachsen, aber der Sattel ist stufenlos in der Höhe verstellbar, genauso wie der Lenker. Die Verstellhöhe ist ungewöhnlich groß für diese Preisklasse.
K: Ah wunderbar. Kann ich mich mal draufsetzen?
V: Selbstverständlich! Ich stelle Ihnen den Sattel ein. Bitte sehr.
K: Ich weiß nicht. Passt das. Ich finde, es ist etwas zu hoch, ich komme ja fast nicht runter auf den Boden.
V: Normalerweise sollten die ausgestreckt sein, wenn das Aha, und was ist, wenn ich dann umkippe, weil ich mich nicht halten kann?

V: Sie werden sich daran gewöhnen. Bisher habe ich noch von keinem Kunden gehört, dass er umgekippt wäre.

K: Na schön, zur Not kann ich es ja auch wieder ein bisschen niedriger einstellen, oder?

V: Kein Problem, das ist nur dieser Hebel hier, den legen sie um und dann können Sie den Sattel hochziehen oder weiter in den Schaft hineinschieben.

K: Sehr gut! Aber sagen Sie, in der Stadt werden doch viele Fahrräder gestohlen. Vielleicht sollte ich doch das billigere nehmen, das wird vielleicht nicht so leicht geklaut..

V: Wir haben exzellente Bügelschlösser, die absolut aufbruchsicher sind. Außerdem bietet der Hersteller eine Fahrraddatei an, dort können Sie das Fahrrad registrieren lassen, dann kann man es wieder finden, wenn es doch entwendet worden sein sollte.

K: Aber wenn das Schloss so gut ist, wie Sie sagen, dann brauche ich doch nicht auch noch diese Registrierung?

V: Die Registrierung ist kostenlos und eine zusätzliche Sicherheit. Es kann ja mal sein, dass Sie das Fahrrad zum Beispiel an einem Mülleimer anketten und übersehen haben, dass der bewegt werden kann und die Täter klauen das Fahrrad dann samt Mülleimer.

K: Das klingt aber nicht sehr wahrscheinlich. Wie viel kostet denn das Schloss?

V: Das Schloss kostet 27,99.

K: Oha, das ist aber teuer.

V: Naja, dass das Fahrrad 599,- Euro kostet. Da sind 27,99 noch nicht einmal der 20te Teil. Wenn Sie kein Schloss oder ein billigeres, weniger sicheres Schloss verwenden und das Fahrrad wird entwendet, dann sind Sie 599,- Euro los.

K: Stimmt. Hmm, na gut, dann nehme ich Fahrrad und Schloss. Und wie läuft das mit der Registrierung?

V: Jedes Fahrrad hat eine Nummer im Rahmen. Die geben Sie zusammen mit Ihren Daten auf der Homepage des Herstellers ein. Dann ist das Fahrrad registriert. Bei einem Diebstahl können Sie auf dem gleichen Portal das Fahrrad als gestohlen melden.

K: Aha, na gut. Hoffentlich brauche ich das nicht. Also, wieviel macht das zusammen?

V: 626,99 Euro. Zahlen Sie bar oder mit Karte?

K: Mit Karte. Soviel Geld habe ich jetzt nicht dabei. Hier bitte.

V: Danke. Einmal hier bitte Unterschreiben. Das ist Ihr Beleg und hier bekommen Sie noch die Gebrauchsanweisung, da steht auch das mit der Regietrierung nochmal drin. Gute Fahrt, auf Wiedersehen.

K: Danke, auf Wiedersehen.

Aufgabe 5: Argumente im Verkaufsgespräch

a) Warum würden Sie das Verkaufsgespräch als erfolgreich oder weniger erfolgreich einschätzen?

b) Welches Ziel verfolgen die beteiligten Personen? Begründen Sie Ihre Vermutungen mit zwei Stellen aus dem Text.

c) Markieren Sie im Text Stellen, an denen argumentiert wird.

d) Unterstreichen Sie mit verschiedenen Farben, welche Satz(teile) Argumente, Beispiele oder Behauptungen sind.

e) Wählen Sie das Argument aus, das Sie am überzeugendsten finden und begründen Sie diese Auswahl.

1.6 Argumentation kann auch lustig sein

Vicco von Bühlow war einer der bekanntesten deutschen Komiker. Seine Sketche sind auch heute noch sehr populär. Unter diesen Sketchen ist auch einer, in dem ein Ehepaar für den Mann einen Anzug kauft. Der Verkäufer ist sehr engagiert und berät das Ehepaar intensiv. Schließlich kauft der Mann einen der vielen Anzüge.

Aufgabe 6: *Sehen Sie sich das Video unter:*

http://www.dailymotion.com/video/x2mt2rb an.

Denken Sie über folgende Fragen nach und diskutieren Sie in der Gruppe:

1. Denken Sie, dass der Mann zufrieden mit dem Kauf ist? Was spricht dafür, was spricht dagegen?
2. Welche Argumente verwendet der Verkäufer, um den Kunden zum Kauf zu bringen?
3. Wie reagiert der Kunde auf die Argumente?
4. Was überzeugt den Kunden letztendlich?

1.7 Eine Bitte und Ablehnung begründen

Wenn man einen Kollegen, Freund oder Verwandten um etwas bittet, dann muss man hoffen, dass die Person zustimmt und einem den Gefallen tut. Das fällt leichter, wenn man einen oder mehrere gute Gründe bieten kann, warum die Person etwas tun soll.

Aufsatz korrigieren, vom Fußballtraining abholen, das Auto waschen, den Müll rausbringen, zum Bahnhof bringen, ein Buch verleihen, den Abwasch machen

a) *Überlegen Sie, wann Sie das letzte Mal jemanden gebeten haben, etwas für Sie zu tun. Geben Sie an, ob eine der oben genannten Situationen dabei war.*

b) *Schreiben Sie eine kurze Nachricht (E-Mail, SMS; Notiz), in der Sie die Person um etwas bitten.*

Oft bekommt man auch selber eine Bitte von Freunden, Bekannten oder Verwandten. Nicht immer kann oder will man diese Bitte erfüllen. Wenn man aber eine Bitte ablehnen will, braucht man eine gute, sachliche Begründung.

c) *Sie haben in Übung b) eine Nachricht geschrieben. Nun sind Sie selber Empfänger einer Nachricht. Schreiben Sie eine Antwort. In der Antwort sollte eine Ablehnung mit Begründung stehen. Werten Sie in der Gruppe die am besten formulierten Anliegen und Begründungen für die Ablehnung aus.*

2 Phasen und Planung der Argumentation

2.1 Thesen und Themafrage formulieren

Bildung ist die wichtigste Voraussetzung für den Erfolg unseres Landes.

Die oben stehende These findet man so oder in ähnlicher Form oft in politischen Reden zur Schulpolitik. Sie klingt überzeugend, weil die Ausdrücke *wichtig* und *unsere* enthalten sind. Doch was will der Autor genau damit sagen?

Aufgabe 1: *Betrachten Sie die folgenden Fragen. Wählen Sie aus, welche als Themenfrage geeignet ist und begründen Sie die Entscheidung.*

a) Was bedeutet Erfolg?
b) Woraus besteht Bildung?
c) Worin besteht der Zusammenhang zwischen Bildung und Erfolg?
d) Welches Gebiet ist mit *unser Land* gemeint?

2.2 Argumente finden

Was bedeutet Erfolg für Sie?

Recherchieren Sie in verschiedenen Quellen, wie der Ausdruck *Erfolg* definiert wird. Mögliche Quellen sind: Wörterbücher (Duden, Wahrig, Digitales Wörterbuch der deutschen Sprache), Internet-Blogs zum Thema „Erfolg", Bücher mit dem Wort *Erfolg* im Titel. Erstellen Sie zusammen mit den anderen Studierenden eine Übersicht, wie unterschiedliche Autoren das Konzept Erfolg verstehen. Präsentieren Sie dieses Ergebnis als Mindmap. Diese kann z. B. so aussehen:

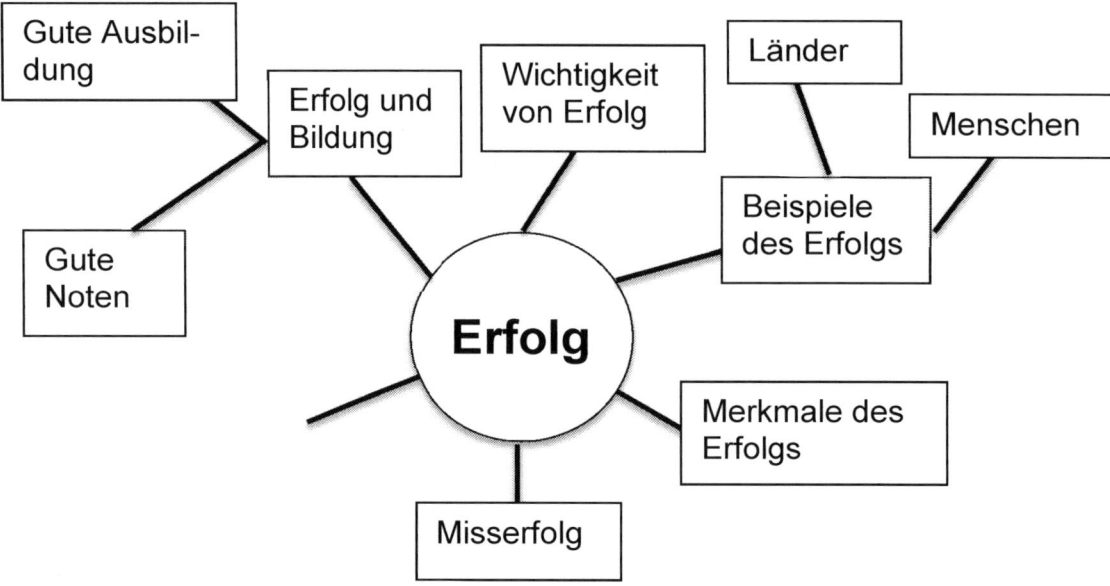

Die von Ihnen erstellte Mindmap dient als Wissensbasis. Sie sammelt anschaulich alle Informationen, die man zum Thema Erfolg gesammelt hat. Informiertheit ist die Grundvoraussetzung für eine sachliche Argumentationsweise. Der nächste Schritt besteht nun darin, aus den zunächst noch neutralen Informationseinheiten je nach Kontext passende Argumente zu formen.

Aufgabe 2: *Betrachten Sie die folgenden Argumente. Unterstützen diese die These unter 2.1 (pro-Argument) oder beweisen sie, dass die These falsch ist (contra-Argument)?*

a) Der 45. Amerikanische Präsident Donald Trump hat an der Universität Wirtschaftswissenschaften mit Schwerpunkt Immobilien studiert und ist ein erfolgreicher Immobilieninvestor.

b) Viele ältere Mitarbeiter in Unternehmen haben eine weniger gute Ausbildung, aber viel mehr Erfahrung. Diese ist oft wertvoller als eine umfassende Ausbildung.

c) Gute Bildung allein macht niemanden erfolgreich. Man muss durch Fleiß und Engagement etwas aus dieser Bildung machen, erst dann ist man erfolgreich.

d) Um erfolgreich zu sein, muss man manchmal auch Misserfolge in Kauf nehmen um zu sehen, welcher Weg zum Ziel führt und welcher nicht.

2.3 Argumente gewichten

Nicht jedes Argument ist in gleichem Maß überzeugend. Am überzeugendsten wirken meist konkrete und allgemein bekannte Beispiele. Dies funktioniert ähnlich wie in der Werbung, die mit bekannten Personen ihre Produkte verkaufen will.

> Themafrage: Ist der Wohlstand in Europa auch verantwortlich für die Armut im Rest der Welt?

Überlegen Sie zuerst für sich selbst:

- Welche Position haben Sie in dieser Frage?
- Welche Gründe sind für Sie persönlich wichtig?

Aufgabe 3: *Betrachten Sie die folgenden Argumente. Bewerten Sie die Aussagen nach Ihrer Überzeugungskraft, indem Sie Sterne verteilen. Begründen Sie Ihre Entscheidung.*

Durch die ständige Einmischung Europas in anderen Teilen der Welt haben wir diesen Ländern viele Probleme gebracht.	☆☆☆☆☆
Die Länder sind selbst für sich verantwortlich, sie müssen auch ihre Probleme selbst lösen.	☆☆☆☆☆
Der Wohlstand ist ungerecht verteilt. Je mehr Reichtümer die europäischen Länder sammeln, umso weniger bleibt für die anderen übrig.	☆☆☆☆☆
Europa hat durch Exporte viel an den Ländern verdient. Wenn diese jetzt arm sind, dann hat man ihnen zu viel Geld für die Produkte abgenommen.	☆☆☆☆☆
Europa ist nicht das Sozialamt der Welt!	☆☆☆☆☆

Hintergründe kennen – intertextuelle Bezüge

Das letzte Zitat („Europa ist nicht das Sozialamt der Welt") stammt aus dem Wahlkampf in Deutschland. Bereits 2009 hat der damalige bayerische Ministerpräsident Seehofer diese Äußerung im Kontext der Flüchtlingspolitik gemacht. Problematisch ist die Aussage vor allem deshalb, weil sie vorher bereits von einer rechtsradikalen Partei verwendet wurde.

Man nennt solche Zusammenhänge und Ähnlichkeiten zwischen Texten intertextuelle Bezüge. Die Wissenschaft, die solche intertextuellen Bezüge analysiert, nennt man Textlinguistik oder auch Diskursanalyse. Wer also eine solche Äußerungen macht oder unterstützt, der zeigt damit auch, dass er diese Denkweise teilt und er trägt dazu bei, dass die Ideen immer weiter verbreitet werden. In der Diskursanalyse nennt man diesen Prozess das „Sich-Einschreiben in einen Diskurs". Wenn man also einen solchen Slogan übernimmt, muss man die Hintergründe kennen.

Aufgabe 4:

a) *Recherchieren Sie zu den folgenden Aussagen im Internet, von welcher Person diese stammen. Charakterisieren Sie kurz die Person und ihre politisch-gesellschaftliche Ausrichtung.*

1. „Die Menschlichkeit einer Gesellschaft zeigt sich nicht zuletzt daran, wie sie mit den schwächsten Mitgliedern umgeht."
2. „Die Krankheit unserer heutigen Städte und Siedlungen ist das traurige Resultat unseres Versagens, menschliche Grundbedürfnisse über wirtschaftliche und industrielle Forderungen zu stellen."

3. „Sich vorzustellen, dass Deutschland in der Weltpolitik eine Rolle zu spielen habe, finde ich ziemlich abwegig."

4. „Das Internet ist für uns alle Neuland, und es ermöglicht auch Feinden und Gegnern unserer demokratischen Grundordnung, mit völlig neuen Möglichkeiten und völlig neuen Herangehensweisen unsere Art zu leben in Gefahr zu bringen."

5. „Niemand hat die Absicht, eine Mauer zu errichten."

6. „Wer arbeiten kann, aber nicht will, der kann nicht mit Solidarität rechnen. Es gibt kein Recht auf Faulheit in unserer Gesellschaft!"

7. „Ich beschäftige mich nicht mit dem, was getan worden ist. Mich interessiert, was getan werden muss."

b) *Entscheiden Sie, welcher Aussage Sie zustimmen und welcher nicht. Begründen Sie Ihre Entscheidung.*

Aufgabe 5: Übernehmen von Pro- und Contrarollen

Bilden Sie Gruppen mit jeweils 4 Teilnehmern. Wählen Sie eines der folgenden Themen aus:

> Thema 1: Alle Studierenden sollten während ihres Studiums ein bedingungsloses Grundeinkommen erhalten

> Thema 2: Im Sinn der Ökologie sollten öffentlicher Nahverkehr (Bus, Bahn, Taxi) kostenlos sein.

In den Gruppen gibt es folgende Rollen:
- eine Person, die der These zustimmt,
- eine Person, die diese These ablehnt,
- eine Person, die als Moderator fungiert
- eine Person, die überzeugt wird (und begründen muss, für welche Seite sie sich entschieden hat)

2.4 Schriftliche Erörterung

Für schriftliche Erörterungen gelten die gleichen Prinzipien wie in der mündlichen Argumentation. Auch hier sind also die drei Teile der Argumentation, die These, Begründungen und Beispiele wichtig. Der Unterschied besteht aber darin, dass man in der mündlichen Kommunikation jeweils auf einzelne Argumente reagieren kann, sie also direkt widerlegen kann. Bei der schriftlichen Erörterung dagegen kann man nur mit zeitlichem Abstand in einem eigenen, neuen Text reagieren. Zunächst muss man also die Argumente der Person so lesen, wie sie präsentiert werden. Man kann also folglich auch nicht nachfragen, wenn man nicht sicher ist, ob man alles richtig verstanden hat. Um als Autor zu vermeiden, dass man aufgrund eines Missverständnisses kritisiert wird, muss man sich bei der schriftlichen Erörterung noch differenzierter und präziser ausdrücken als im mündlichen Bereich. Darum muss eine schriftliche Erörterung genau geplant werden.

Die Planung umfasst die sorgfältige Auswahl von Argumenten und die sinnvolle Anordnung. Je nach Kontext gibt es die steigernde Erörterung (man argumentiert nur entweder pro oder contra. Die dialektische Erörterung dagegen umfasst pro-Argumente und auch contra-Argumente. Bei der steigernden Erörterung werden zuerst die Argumente angeführt, die man nicht unterstützt und dann diejenigen, die man unterstützt. Das schwächste Argument kommt dabei immer zuerst, das stärkste zuletzt.

Der erste Schritt der Planung besteht dabei aus dem Sammeln von Argumenten. Dabei spielt es noch keine Rolle, ob diese für oder gegen eine Position verwendet werden können. Zunächst geht es um das Ideensammeln. Dazu muss man meist auch recherchieren, damit man die verschiedenen Positionen und Argumente überhaupt kennt. Dabei findet man vielleicht auch Probleme oder Ausschlusskriterien, die eine bestimmte Position unmöglich machen.

Anschließend kann man die gesammelten Argumente sortieren. Dabei stellt man eventuell fest, dass man einige Punkte zusammenfassen kann, da sie inhaltlich sehr ähnlich sind. Manches muss man vielleicht auch wieder streichen, weil sie zu radikal sind oder sich bei einer näheren Überprüfung als falsch herausstellen.

Nach diesem Aussortieren kann man die Belege weiter gruppieren. Kriterien für die Gruppen sind der Inhalt, die Wichtigkeit bzw. Überzeugungskraft und die Entscheidung, ob ein Argument die These unterstützt (pro-Argument) oder nicht (contra-Argument). Bei diesem Schritt kann man auch entscheiden, welche der Ideen man als Beispiel einsetzt und welche Argumente sein sollen.

Wenn die Stoffsammlung bereinigt ist, dann kann man eine Gliederung erstellen. Die Gliederung enthält keine Beispiele, sondern nur die Kernaussage der Argumente. Man sollte versuchen, die Kernaussage möglichst im Nominalstil zu formulieren. Das bedeutet, dass man am besten Verben weglässt oder sie in Nomen umwandelt. Anschließend muss man sich noch einen guten Einleitungsgedanken überlegen. Außerdem kommen nach dem pro- und contra-Teil noch das Fazit und der Schluss. Im Fazit wird die Synthese formuliert. Sie stellt die Antwort auf die Themafrage dar, die möglichst alle (zumindest aber die wichtigsten) pro- und contra-Argumente berücksichtigt. Wenn man sich nicht eindeutig entscheiden kann, besteht auch die Möglichkeit, zwei oder mehr mögliche Lösungsvorschläge zu machen.

Insgesamt besteht die schriftliche Erörterung also aus drei Teilen: Einleitung, Hauptteil und Schluss. Der Hauptteil wiederrum besteht auch aus drei Teilen: Argumente gegen, Argumente für die These und Synthese. Bei der Synthese und dem Schluss muss man darauf achten, dass man alles, was man dort schreibt, bereits in einem der vorher präsentierten Teile erwähnt haben sollte, sonst wirkt die Erörterung schwer nachvollziehbar.

Aufgabe 6: Planen einer schriftlichen Erörterung

Lesen Sie den oben stehenden Text und kreuzen Sie an, ob die unten stehenden Aussagen im Text vorhanden sind.

	wahr	falsch
Man fängt bei der schriftlichen Erörterung immer mit dem stärksten Argument an.		

Die schriftliche Erörterung ist kaum planbar.		
Im Fall eines Missverständnisses kann man bei der schriftlichen Erörterung alles noch einmal überprüfen.		
Die Argumente müssen bei der Planung sorgfältig ausgewählt werden.		
Die Möglichkeit zur unmittelbaren Nachfrage fehlt bei der schriftlichen Erörterung.		
Bei der schriftlichen Erörterung gibt es sehr oft Missverständnisse.		
Der erste Schritt bei der Planung einer schriftlichen Erörterung ist die Stoffsammlung		
Im Schluss dürfen keine neuen Argumente mehr gebracht werden.		

Aufgabe 7: Planen einer schriftlichen Erörterung

Ordnen Sie die untenstehenden Argumente nach pro und contra.

Thema: Sollte das Urheberrecht im Internet gelockert werden?		
	contra	pro
Der Schutz des geistigen Eigentums ist wichtig. Ohne funktionierenden Schutz durch das Urheberrecht können Künstler, Musiker und Schriftsteller nicht arbeiten.		
Geistiges Eigentum ist ein kapitalistischer Begriff. Die Gedanken sind frei, sie gehören niemandem. Das Urheberrecht sollte abgeschafft werden.		
Müssen wirklich alle Abiturienten studieren?		
	contra	Pro
Nur mit Abitur und Studium hat man heute noch Chancen auf dem Arbeitsmarkt. Sonst kann man nur als Putzfrau arbeiten.		
Die meisten Studiengänge sind viel zu theoretisch. Darum bringt ein Studium wenig. Wer dagegen Praxiserfahrung bieten kann, der bekommt die guten Jobs.		
Nach dem Abitur gehört ein Gap-Year, bei dem man eine Weltreise macht, einfach dazu.		
	contra	Pro
Beim Reisen lernt man viel und kann auch sein eigenes Leben aus einer anderen Perspektive betrachten.		
Reisen ist etwas für die Freizeit. Je mehr Zeit zwischen Abitur und Studium vergeht, umso schwieriger wird später die Jobsuche, da man eine Lücke im Lebenslauf hat.		

Aufgabe 8: Überleitungen und Verknüpfungen

Gerade bei der schriftlichen Erörterung ist es wichtig, die einzelnen Teile sinnvoll miteinander zu verbinden. *Lesen Sie den folgenden Text durch und markieren Sie alle Ausdrücke, die als Verbindung zwischen den einzelnen Sätzen und Absätzen dienen.*

Eine schwierige Regierungsbildung

Bei der Bundestagswahl 2005 war nach den ersten Prognosen am Wahlabend die Situation eigentlich für alle Beteiligten klar: Die damals regierende SPD und der Koalitionspartner, die Grünen, unter Bundeskanzler Schröder hatte keine Mehrheit mehr im Bundestag. Die damalige Kanzlerkandidatin Angela Merkel hatte beste Chancen, Kanzlerin zu werden.

Doch der noch amtierende Bundeskanzler Schröder wollte sich so schnell nicht geschlagen geben. Trotzig verteidigte er sein Amt. In der „Berliner Runde", einer Talkshow, in der sich die Spitzenkandidaten in Deutschland traditionell zusammensetzen, stelle Schröder die Tradition in Frage, dass die stärkste Partei als erste bestimmen darf, mit wem sie über eine mögliche Regierungskoalition verhandeln wird.

Im Fall der Wahl 2005 wäre das die Union der christlich-demokratisch/sozialen Parteien (CDU/CSU)gewesen. Nicht so für Schröder. Er war offenbar davon überzeugt, dass er mit einer neuen Koalition noch einmal Chancen hätte. Immerhin war der Abstand zwischen einer rot-grünen (SPD und Grüne) Regierung und einer möglichen schwarz-gelben (CDU/CSU und Liberale) sehr knapp.

Am Ende nutzte es jedoch alles nichts. Frau Merkel wurde Bundeskanzlerin, Schröder verschwand von der politischen Bühne. Er arbeitete danach für den russischen Gaslieferanten Gazprom.

12 Jahre später wird in Deutschland wieder gewählt. Ob die CDU/CSU mit der Spitzenkandidatin Angela Merkel wieder eine Mehrheit erhalten wird, besonders zusammen mit der sozialdemokratischen Partei (SPD) ist sehr fraglich. Vielleicht erinnert sich Frau Merkel an diesen Tag vor 12 Jahren und geht mit gutem Beispiel voran.

3 Techniken und Strategien

3.1 Aktives Zuhören – 4 Stufen des aktiven Zuhörens

In der mündlichen Kommunikation ist es sehr wichtig, dass man genau zuhört. Nur so kann man sicherstellen, dass man die Argumente der Anderen genau versteht und auch richtig darauf reagieren kann. Manchmal ist das aber nicht ganz einfach, da eine Diskussion ziemlich komplex sein kann und nach einiger Zeit die Aufmerksamkeit sowieso geringer wird. Eine Möglichkeit, wie man etwas dagegen tun kann, ist das aktive Zuhören. Aktives Zuhören bedeutet nicht, dass man nur mit dem Kopf nickt und trotzdem nichts versteht. Aktives Zuhören besteht aus verschiedenen

Techniken, mit denen man die eigene Aufmerksam steuern kann und die es möglich machen, die Botschaft und die Position des Kommunikationspartners besser zu verstehen.

Streiten oder argumentieren

Richtig streiten muss man können, heißt es oft. Dabei ist zuerst die Frage, ob Streiten eigentlich etwas Gutes ist. Dazu gibt es verschiedene Meinungen. Meistens ist Streit aber negativ. Man muss also unterscheiden zwischen bösem Streit und produktiven Streitgesprächen.

Aufgabe 1: Versuchen Sie sich zu erinnern, wann Sie das letzte Mal einen Streit hatten. Was war der Auslöser? Wie hat der Streit geendet? Gab es am Ende eine Lösung oder liegen Sie immer noch im Streit mit der anderen Person?

Kompromisse finden

Ein wichtiger Unterschied zwischen schlechtem und gutem Streit ist das aktive Zuhören. Nur wer der anderen Person zuhört, kann auch die Position dieser Person verstehen und sich in sie hineinversetzen. Man nennt die Fähigkeit, sich in andere hineinzuversetzen auch Empathiefähigkeit. Dabei gibt es zwei Formen des aktiven Zuhörens. Die erste Form findet mehr an der Oberfläche statt. Man verwendet bestimmte Gesten, die eine Teilnahme am Gespräch signalisieren. Man zeigt dem Gesprächspartner: „Ich höre Dir zu!" Man muss allerdings aufpassen, dass

Beide Formen des aktiven Zuhörens helfen dabei, einen Kompromiss zu finden. Ein Kompromiss ist idealerweise genau die Mitte zwischen den zwei verschiedenen Positionen. Die Idee beim Kompromiss ist die Gerechtigkeit. Jede Seite gibt ein bisschen nach, sodass man sich ungefähr in der Mitte trifft. Wichtig beim Kompromiss ist, dass jede Seite bereit ist, den Kompromiss auch zu akzeptieren. Darum muss man manchmal auch mehrere Vorschläge anbieten.

Aufgabe 2:

Welche der folgenden Punkte sind für das Kompromisse finden wichtig, damit es gut funktionieren kann? Kreuzen Sie an, ob die entsprechenden Aussagen zutreffen (wahr) oder nicht (falsch) und begründen Sie Ihre Entscheidung!

	Wahr	falsch
Empathiefähigkeit		
Die Position des Anderen nachvollziehen		
seine eigene Position durchsetzen		
dem Gesprächspartner Aufmerksamkeit und Interesse äußern		
dem Gesprächspartner in die Augen schauen, ständig mit dem Kopf zustimmend nicken		

darauf achten, dass man lauter und aktiver als der Gesprächspartner spricht		
beim Gespräch mitdenken		

Aufgabe 3:

Suchen Sie für die folgenden Dilemma-Situationen einen möglichst guten Kompromiss. Diskutieren Sie diesen mit anderen Teilnehmenden aus der Gruppe und begründen Sie Ihre Entscheidung.

Situation 1:

Zwei befreundete Paare fahren zusammen in den Urlaub nach Island. Aus Kostengründen teilen sie sich ein Auto, da es für das größere Auto ein günstiges Angebot gab. Auf Island stellt sich aber heraus, dass die beidem Paare sehr unterschiedliche Reisetypen sind. Während das erste Paar viel draußen ist und vor allem gerne die Natur fotografiert, ist das andere Paar vor allem an sportlichen Aktivitäten interessiert. Bereits am zweiten Tag kommt es darum zu Diskussionen, da man durch das Auto immer nur zu einer Destination fahren kann.

Situation 2:

Durch die Erkrankung eines Lehrers fallen an einem Tag mehrere Stunden aus. Die Studierenden wollen gerne nach Hause gehen, doch zwischen 14 und 16 Uhr haben sie noch eine wichtige Vorlesung. Einige Studierende sagen: „das ist egal, dann bin ich dort auch nicht da". Andere dagegen haben Zweifel, den sie damit begründen, dass der Professor dann möglicherweise böse ist und das Fernbleiben als Respektlosigkeit ansehen könnte.

Situation 3:

Vanessa arbeitet in einer großen Firma, die Achsschwingen für Autos produziert. Ihr Arbeitsplatz ist im Controlling, sie muss also alle ausgehenden Buchungen kontrollieren. Bereits seit einiger Zeit bemerkt sie, dass die Vertriebsabteilung immer wieder hohe Rückzahlungen beantragt, angeblich wegen Reklamationen. Doch die Reklamationsberichte fehlen. Stets wurde versprochen, die Berichte werden nachgereicht und da der Leiter der Vertriebsabteilung persönlich unterschrieben hatte, akzeptierte sie dies vorbehaltlich. Als der Termin für den Jahresrechnungsabschluss näher rückt und die Reklamationsberichte immer noch nicht da sind, fragt Vanessa telefonisch bei der Vertriebsabteilung nach. Der Chef sei bis Ende des Jahres auf Kur, der Stellvertreter wisse von nichts, erfährt sie da. Da Vanessa die Zahlungen gebucht hat, wenn auch unter Vorbehalt, kann auch sie haftbar gemacht werden.

3.2 Techniken des aktiven Zuhörens

Aktives Zuhören in vier Stufen

In der Fachliteratur[1] werden 4 Stufen des aktiven Zuhörens unterschieden:

1. Wahrnehmung
2. Verstehen
3. Wertung
4. Reaktion

Bei der Wahrnehmung steht vor allem die Aufnahme über die geeigneten Sinnesorgane (Ohren bzw. Augen) im Vordergrund. Als Zuhörer muss man also seine Aufmerksamkeit so steuern, dass man wahrnimmt, dass jemand mit dem Zuhörer kommuniziert. Das hört sich zunächst einfach an, doch der Mensch nimmt oft sehr selektiv wahr. Gerade wenn viele Menschen miteinander kommunizieren oder wenn andere Störfaktoren wie Straßenlärm oder die Geräuschkulisse eines Büros im Hintergrund sind, kann es auch passieren, dass man zuerst nicht merkt, dass eine Äußerung auf einen selbst bezogen war. Bis man es dann bemerkt, hat man eventuell einen wichtigen Anteil der Information schon versäumt.

Wenn man bemerkt, dass jemand versucht zu kommunizieren, ist aber die Kommunikation noch nicht notwendigerweise erfolgreich. Man muss auch verstehen, was die andere Person sagen will. Gerade bei komplexen Zusammenhängen ist die Gefahr groß, dass man denkt, man hätte etwas verstanden, was sich dann aber als Irrtum herausstellt. Oft sagen Kommunikationspartner etwas, was sie aber nicht direkt aussprechen. Entweder sehen sie es als selbstverständlich an, dass der nicht ausgesprochene Inhalt auch erkannt wird, oder ihnen ist selber nicht bewusst, dass sie auch etwas ganz anderes sagen, was sie eigentlich gar nicht sagen wollten. Bestehen Zweifel, ob man alles richtig verstanden hat oder ob die Person tatsächlich das gemeint hat, was sie gesagt hat, sollte man nachfragen., sonst kommt es vielleicht zu Missverständnissen. Die Nachfrage kann zum Zweck höherer Gesprächskonstruktivität als Paraphrase formuliert werden, die nur noch die Zustimmung des Gesprächspartners erfordert.

Wenn man sicher ist, dass man alles richtig verstanden hat, dann kann man die Aussagen bewerten. Zustimmung oder Ablehnung sind hier die primären Kriterien. Das bedeutet also, dass man das Gesagte entsprechend in eine der beiden Kategorien einordnen muss. Nur so kann man überhaupt erkennen, ob man einen argumentativen Gegner oder einen Verbündeten (also jemand, der die gleiche oder zumindest eine ähnliche Meinung in einer bestimmten Frage vertritt) als Gesprächspartner hat.

Die letzte Stufe ist die Reaktion. Sie ist wichtig, da nur durch sie für den Gesprächspartner erkennbar ist, dass man auch wirklich zuhört. Darum kann als Reaktion schon ein leichtes Nicken oder auch das Anschauen (Blickkontakt) ausreichen. Man muss hier aber aufpassen, dass man nicht einfach mechanisch nickt und in Wirklichkeit gar nicht zuhört.

Nicht immer reicht das Nicken oder der Blickkontakt aus. Irgendwann ist auch der Punkt erreicht, an dem man etwas sagen muss, das einen inhaltlichen Beitrag zur

---

[1] Vgl.: Zirbik, Jürgen (2013): Sie können das. Kommunikation mit GMV – mit gesundem Menschenverstand überzeugen – Kommunikation für Führung, Verkauf und den ganzen Rest. Nürnberg: Friendship-Verlag. S. 134.

Diskussion liefert. Dabei sollte man darauf achten, dass die Reaktion relevant ist und sachlich vorgetragen wird. Äußerungen wie „So ein Blödsinn" oder „Du spinnst wohl" sollten in jedem Fall tabu sein.

Aufgabe 4:

a) *Lesen Sie den Text oben. Kreuzen Sie die richtige Antwort an. In manchen Fällen ist mehr als ein Kreuz möglich.*

1. Was steht bei der Wahrnehmung im Vordergrund?

Die Aufnahme über die Ohren

Das Aussortieren nicht notwendiger Informationen

Die Aufnahme über die Nase

Die genaue Beobachtung der Umgebung

2. Wenn ich bemerke, dass jemand versucht, mit mir zu kommunizieren, dann...

tue ich so, als ob ich ihn nicht gehört habe.

ist die Kommunikation in jedem Fall erfolgreich.

muss man auch verstehen, was die andere Person gesagt hat.

Sage ich laut und deutlich „Ich höre Dir zu", damit der andere es auch weiß.

3. Wenn es Zweifel gibt, ob man alles richtig verstanden hat, dann, ...

fragt man besser nicht nach, denn das könnte ja blöd aussehen.

Sagt man trotzdem „jaja", denn alles andere wäre unhöflich.

sagt man einfach „hääääääh, was?", damit der andere auch merkt, dass er sich unverständlich ausgedrückt hat.

Fragt man nach, indem man z. B. paraphrasiert, damit keine Missverständnisse entstehen.

4. Mechanisches Nicken als Reaktion ...

ist völlig ausreichend. Mehr braucht man nicht.

Erfolgt dann, man nicht mehr wirklich zuhört.

ersetzt das richtige Zuhören.

sollte an vermeiden, weil es unhöflich wirkt.

5. Die wichtigsten Kriterien bei der Bewertung von Aussagen sind

vorher definierte eigene Kriterien

subjektive Sympathiewerte

persönlicher Geschmack

Ablehnung und Zustimmung

b) *Was macht üblicherweise die zuhörende Person verbal und non-verbal, wenn sie wahrnimmt, versteht, wertet und reagiert? Ordnen sie die folgenden Gesten und Mimiken entsprechend zu. Diskutieren Sie die Fälle, die unklar sind, in der Gruppe.*

Kopfschütteln
anfangen zu sprechen
Augenkontakt herstellen
kurzes Kopfnicken
„Ja" sagen
mit den Augen rollen
fragend anblicken
mit den Schultern zucken

Wahrnehmen
Verstehen
Werten
Reagieren

3.3 Aktives Zuhören beim Beschweren

Hans Meier

Müllerstraße 23a
80585 München

Auto Töff
Carl-Benz-Str. 54
99599 Apolda

Beschwerde
Neuwagenkauf Volkswagen Golf, Fzg.-Nr. WOLO1258764

Sehr geehrte Damen und Herren,

am 10.02.2017 habe ich in Ihrer Filiale in München ein Fahrzeug der Marke Volkswagen, Modell Golf als Neuwagen gekauft. Trotz der Zusicherung des Verkäufers, Herrn Schwartz, dass es sich um ein fabrikneues Fahrzeug handele, musste ich anhand der Fabrikationsnummer an den Reifen feststellen, dass das Fahrzeug wohl bereits im Dezember 2016 produziert worden war.

Ich möchte Sie darauf hinweisen, dass hier der Tatbestand der arglistigen Täuschung vorliegt. Darum fordere ich eine Erklärung der Geschäftsführung für diesen Vorgang sowie eine persönliche Entschuldigung sowohl des Verkäufers als auch durch die Geschäftsleitung. Zudem liegt der Wert des Fahrzeugs deutlich unter dem gezahlten Kaufpreis von 19,900 Euro inkl. MwSt.[2] Vergleichbare Fahrzeuge auf dem Gebrauchtwagenmarkt sind mit ca. 16 500 bis 17 900 Euro gelistet. Ich fordere darum eine Erstattung von 2000,- Euro.

Ich hoffe auf eine gütliche außergerichtliche Einigung. Ansonsten behalte ich mir juristische Schritte sowohl gegen den Verkäufer als auch gegen das Autohaus vor.

Mit freundlichen Grüßen

Hans Meier

Als aktiver Zuhörer versuchen Sie, sich in die Lage Ihres Gesprächspartners einzufühlen. In den einzelnen Aufgaben unten wenden Sie die Technikendes aktiven Zuhörens im Kasten an.

> Techniken des aktiven Zuhörens:
>
> Paraphrasieren, Verbalisieren, Nachfragen, Zusammenfassen, Klären, Weiterführen, Abwägen

---

[2] MwSt. steht für Mehrwertsteuer. Diese Steuer beträgt in Deutschland 19 Prozent und wird auf alle Handelswaren erhoben.

Aufgabe 5: Verbalisieren

Kreuzen Sie die Gefühle der zu beschwerenden Person an.

Der Kunde der Beschwerde oben war

○ verärgert	○ aggressiv	○ betroffen
○ entspannt	○ heiter	○ frustriert
○ erfreut	○ munter	○ irritiert
○ ruhig	○ erregt	○ hilflos
○ wütend	○ überrascht	○ sauer
○ aufgeregt	○ beschämt	

Aufgabe 6: Nachfragen bei Beschwerden

a) Fassen Sie die oben gelesene Beschwerde kurz zusammen, damit Sie Ihrem Chef berichten können, was vorgefallen ist.
b) Rufen Sie bei Herrn Meier an und erkundigen Sie sich durch Fragen als interessierter aktiver Zuhörer beim sich zu beschwerenden Kunden, z.B.:

Obwohl Sie mehrfach nachgefragt haben, wurde Ihnen nicht mitgeteilt, dass das Auto bereits produziert war?

Formulieren Sie weitere derartige Fragen, mit dem Ziel herauszufinden, wie man eine drohende Klage abwenden kann und den Kunden beruhigen kann.

Aufgabe 7: *Paraphrasieren Sie die folgenden Aussagen:*

- Die Partei „Alternative für Deutschland" hat in der Bundestagswahl 2017 hohe Gewinne erzielt. Doch der Erfolg wird reduziert durch zahlreiche Rücktritte von Abgeordneten und Mitgliedern, die wichtige Funktionen haben. Alle beklagen, dass die Partei zu weit nach rechts rückt.

- Der demographische Wandel macht sich in Deutschland immer stärker bemerkbar. Man sieht auf den Straßen kaum noch Kinderwagen, dafür aber immer mehr Rollstühle.

- Ab Oktober treten in Deutschland einige neue Gesetze in Kraft. Man darf Geräte wie Handy, Tablet, Computer nicht mehr benutzen, solange der Motor des Autos läuft.

Aufgabe 8: Rollenspiel

Bilden Sie Gruppen mit jeweils 3 Personen. Jede Person übernimmt eine Rolle. Sie erhalten dafür eine Rollenbeschreibung:

Situation 1

Sie arbeiten in einer Firma als Buchhalterin. Jeden Mittwoch haben Sie am Abend ab 18.30 Uhr einen Englischkurs, da der Chef Ihnen empfohlen hat, ihre Englischkenntnisse aufzubessern. Sie müssen darum immer um kurz nach 17.00 weg, da Sie eine längere Strecke mit Bus und Bahn zurücklegen müssen. An einem Mittwoch kommt der Chef um kurz vor 17.00 in Ihr Büro und sagt: „Das habe ich heute Morgen bekommen. Ich habe jetzt erst gesehen, dass es heute noch weg muss, das schaffen Sie ja noch bis 18.00, oder?

Situation 2

Sie treffen sich am Freitag mit einem/einer Bekannten im Café zur Mittagspause. Kurz bevor Sie losgehen, gibt der Chef Ihnen die Akten zurück, die Sie am Vortag als Wochenziel zur Kontrolle abgegeben haben. Darauf ist mit rotem Stift geschrieben: Nochmal!!! Ihr Chef sagt nichts, blickt Sie aber an, nickt Ihnen auffordernd zu und deutet mit dem Finger auf die rote Notiz. Dann sagt er in die Bürorunde: „Ich bin dann in der Konferenz. Bis 17.00 Uhr sollte ich wieder da sein, dann müssen wir noch die Teambesprechung für die Wochenziele machen.

Beobachtungsbogen

	angewendete Techniken/Verhalten der Zuhörer	Positive Beobachtungen	Negative Beobachtungen
Situation 1			
Situation 2			

Nach fünf Minuten können die Gruppen gewechselt werden.

4 Störungen der Argumentation

4.1 Was stört in der Argumentation?

Aufgabe 1: Gründe für Argumentationsstörungen

Arbeiten Sie in Gruppen. Schreiben Sie die Situationen zu den Störungen der Argumentation in der Tabelle. Warum können die Gespräche in den jeweiligen Themen nicht erfolgreich sein? Heften Sie die Tabellen an die Pinnwand. Jede Gruppe präsentiert vor den anderen ihre Ideen.

Manipulieren	Machtposition im Mittelpunkt
z.B.: Wahlkampf ein Kandidat will mit falschen Behauptungen Wähler für seine Partei gewinnen	
Missverständnis	Persönliche Assoziationen
Argumentation und Mensch werden nicht getrennt	Verwirrende Gestik und Mimik des Gesprächspartners
Gespanntes Argumentationsklima	Unverständlich formulierte Fragen, Aussagen, Meinungen
Keine Aufmerksamkeit, Ablenkung	Belehrendes und überhebliches Verhalten, Besserwisserei
Unkenntnis, Uninformiertheit	Generalisierungen, Verallgemeinerungen
Unglück, Anschlag, Wahlen im Vorfeld	...

4.2 Negative Faktoren auf die Argumentation

Argumentation findet statt, um Probleme, die durch unterschiedliche Vorstellungen entstehen, durch Kompromisse zu lösen. Die Voraussetzung dafür ist ein fairer, respektvoller Umgang mit dem Gegner. Dazu gibt es einige Verhaltensweisen die man beachten sollte.

Argumentation beruht meist darauf, dass man für eine bestimmte Position (These) Gründe findet, die es rechtfertigen, dass man diese These vertritt. Diese Gründe stehen mit der These durch Schlussfolgerungen im Zusammenhang. Die These ist also die Folge der Begründung, bzw. die Begründung ist die Ursache (oder eben der Grund) dafür, dass die These eintritt oder gilt. Der mögliche (wahre) Zusammenhang zwischen Ursache und Wirkung bzw. Ursache und Folge ist ein Gebiet der Logik. Wahr sind dabei alle Zusammenhänge, die möglich sind, als falsch gelten alle die Zusammenhänge, die nicht möglich sind oder nicht eingetreten sind.

Beispiele wiederum können den Zusammenhang zwischen These und Argument verdeutlichen und zeigen, man kann die Argumentation auf den konkreten Fall anwenden. Doch während ein Beispiel der Veranschaulichung dienen kann, sollte man umgekehrt nicht von einem einzigen Beispiel auf einen dauerhaften Zustand schließen. Wenn man von einem einzelnen Fall ausgeht und behauptet, dass dies immer so sei, dann handelt es sich hier um eine unzulässige Generalisierung oder Verallgemeinerung. Wenn man zum Beispiel Trnava besucht und an diesem Tag das Wetter schlecht ist, kann man nicht behaupten, dass das Wetter in Trnava immer schlecht sei. Um eine solche Behauptung aufstellen zu können, müsste man entsprechende Daten sammeln, indem man z. B. über einen längeren Zeitraum die Wetterdaten zu Trnava sammelt.

Ein weiterer Fehler, der häufig passiert, ist der Anspruch, dass man ohnehin recht hat. Dadurch wirken viele Gesprächspartner nicht nur arrogant, sondern sie lassen Gegenargumente gar nicht richtig gelten. Damit ist das oberste Ziel einer Diskussion, das Finden einen Kompromisses, von Beginn an ausgeschlossen.

Viele Menschen geraten bei Diskussionen oft auch ins Polemisieren. Darunter versteht man Übertreibungen und Vereinfachungen bzw. auch die Fokussierung auf einzelne Teilaspekte oder auf Details, die kaum zur Lösung des Gesamtproblems beitragen. Menschen, die polemisieren, sind oft von dem diskutierten Thema emotional sehr stark betroffen, doch sollte sie das nicht dazu verleiten, entsprechend unsachlich zu werden.

Ein weiteres großes Problem ist, dass Diskussionsteilnehmende oft nicht ausreichend oder auch gar nicht informiert sind. Dabei ist nicht gemeint, dass diese Personen eventuell leichte Wissenslückenbei einzelnen Details haben, sondern dass sie sich nicht oder nur einseitig informieren und kritische Informationen, die sie nicht hören wollen, einfach ignorieren. In einem solchen Fall ist jede weitere Diskussion überflüssig.

Aufgabe 2: Regeln für eine erfolgreiche Argumentation

Ergänzen Sie die jeweiligen Sätze anhand des obenstehenden Textes.

1. Argumentation besteht meist daraus

   _____

   _____

2. Während ein Beispiel der Veranschaulichung dienen kann, sollte man

   _____

   _____

3. Wenn man von einem einzelnen Fall ausgeht und dann behauptet,

   dass dies immer so sei, dann

   _____

   _____

4. Durch den Anspruch, dass sie ohnehin recht haben, wirken viele

   _____

   _____

5. Diskussionsteilnehmende sind oft nicht

   _____

   _____

4.3 Sachliche und unsachliche Argumente im Gespräch

Aufgabe 3:

Eine Stadt will eine neue Konzerthalle bauen. Dazu findet eine gesetzlich vorge-schriebene Bürgerinformation statt. Dabei werden au0ch mehrere Entwürfe der Ar-chitekturbüros gezeigt, (darunter sehr avantgardistische aber auch eher sachlich-nüchterne), das Verkehrskonzept erläutert und ein grober Zeitplan für die Bauarbei-ten präsentiert. Die finanzielle Situation der Stadt ist nicht besonders gut, da erst vor kurzem ein wichtiger Betrieb geschlossen wurde, sodass Arbeitsplätze für die Bürger und Steuereinnahmen für die Stadt wegfallen. Darum sehen einige Bürger den Bau einer Konzerthalle kritisch.

a) Welche Kommentare aus der unten stehenden Liste könnten sie abgeben?

b) Welche Argumente aus der unten stehenden Liste sind nicht geeignet? Warum?

c) Welche Regeln der fairen Argumentation wurden verletzt?

d) Ergänzen Sie die Liste unten mit Ihren eigenen Argumenten.

- Dafür ist Geld da, aber für Kindergärten und Schulen, für Krankenhäuser und Seniorenheime ist kein Geld da.
- Da sollen wir dann wohl hin und auch noch Eintritt bezahlen?
- Die Arbeitsplätze sollten bevorzugt an Menschen aus der näheren Umgebung vergeben werden.
- Wenn wir umsonst reindürfen, dann vielleicht.
- Derzeit ist ein solches Projekt den Bürgern nur schwer zu vermitteln.
- Gibt es da dann auch ein Kino?
- Ich wünsche mir, dass auch lokale Vereine und Gruppen die Konzerthalle als Treffpunkt nutzen können.
- Was das wieder kostet!
- Das sind unsere Steuergelder, die da verbraten werden. Dafür haben wir hart gearbeitet.
- Das ist doch alles Lüge!
- Die Besucherparkplätze sollten auch außerhalb der Veranstaltungen kostenlos für die Anwohner sein, um die ohnehin schwierige Parkplatzsituation zu entlasten.
- Bei Veranstaltungen ist dann wieder alles zugeparkt und eine Mutter, die ihre Kinder zur Kindertagesstätte fahren muss, findet dann wieder keinen Parkplatz.
- Diese Entwürfe sehen ja aus, als ob sie mein fünfjähriger Neffe gezeichnet hätte.
- Das wird wieder so ein moderner Kasten, der gar nicht hier in die Umgebung passt. Das ist gar nicht mehr meine Heimat!
- Unser Viertel gehört uns!

Aufgabe 4: Reaktionen auf unsachliche Argumente

Bilden Sie Paare. Sammeln Sie Ideen für die Reaktion auf die schlechten Argumente aus der Liste. Präsentieren Sie Ihre Ideen im Plenum.

Aufgabe 5: *Bilden Sie Gruppen mit jeweils 3 Personen. 2 Personen spielen einen Dialog zwischen Vertreter der Stadtverwaltung und dem Chef der Baufirma. Verwenden Sie im Dialog auch die schlechten Argumente und reagieren Sie auf sie entsprechend. Die 3. Person beobachtet und beurteilt die Argumente. Bei der Beurteilung beachtet man die Regeln der guten Argumentation.*

4.4 Stereotype und Klischees erkennen

Eigentlich weiß es jeder und trotzdem begegnet man ihnen immer wieder: Stereotype und Klischees. Dabei handelt es sich um vorgefasste Meinungen, die sich in einer Gesellschaft halten. Italiener gelten als impulsiv und gleichzeitig als kreativ. Franzosen können gut kochen, sind aber arrogant. Russen sind trinkfreudig und gleichzeitig hart im Nehmen. Man könnte diese Liste beliebig erweitern, sie würde dadurch aber nicht besser werden. In jedem Klischee steckt zwar ein wahrer Kern, was bedeutet, dass es tatsächlich Menschen aus Italien gibt, die laut und gleichzeitig kreativ sind. Genauso gibt es aber fast ebenso viele Gegenbeispiele. Klischees sind meistens Beobachtungen aus Kontaktsituationen, in denen Menschen mit unterschiedlichem kulturellen Hintergrund zusammengetroffen sind, meist ohne eine entsprechende Vorbereitung. Die Andersartigkeit des jeweiligen Gegenübers fiel darum umso mehr auf. Da man nur diese eine Person aus dem entsprechenden anderen Kreis kannte, wurde sie zum Vertreter einer ganzen anderen Gemeinschaft.

Voran erkennt man also ein Klischee? Viele Klischees gruppieren Menschen nach bestimmten Eigenschaften, etwa nach der Nationalität, nach Geschlecht, nach bestimmten äußeren Merkmalen. Diese werden als Grund für eine bestimmte, meist negative, eventuell aber auch positive Eigenschaft im Verhalten der Person herangezogen, obwohl ein kausaler Zusammenhang gar nicht besteht.

Wie kann man solchen Klischees entgegenwirken? Das beste Mittel gegen Klischees ist, dass man sich der Tatsache bewusst wird, dass es sich um ein Klischee handelt und diese dann gezielt hinterfragt. Dabei hilft es, wenn man Menschen aus vielen verschiedenen Ländern kennt. Sicher wird man das eine oder andere Klischee in mehr oder weniger starker Form auch bestätigt finden. Das liegt dann oft daran, dass auch Menschen aus diesen Ländern das Klischee bereits internalisiert haben.

Problematisch werden Klischees vor allem dann, wenn sie dazu benutzt werden, im Vorfeld bestimmte Personengruppen auszugrenzen. Bei vielen Menschen ist es aber vor allem Bequemlichkeit. Sie übernehmen die Klischees und kommen gar nicht auf die Idee, diese zumindest einmal kritisch zu hinterfragen.

Aufgabe 6:

1. *Suchen Sie in Zeitungstexten, in Internetkommentaren oder in den sozialen Medien nach Klischees. Erstellen Sie Screenshots oder Notizen. Vergleichen Sie in der Gruppe Ihre Suchergebnisse.*
2. *Welche Klischees gibt es über Ihr eigenes Land? Wie kann man diese Klischees entkräften? Entwickeln Sie entsprechende Argumentationsstrategien.*

4.5 Verallgemeinerungen aufheben

Verallgemeinerungen kommen gerade in politischen Debatten oft vor. Sie sind ein wesentlicher Bestandteil von Klischees. Im Gegensatz zu Klischees beziehen sich Verallgemeinerungen aber nicht nur auf Personen, sondern man kann auch Sachverhalte oder Schlussfolgerungen verallgemeinern. Der häufigste Fall der Verallgemeinerung besteht darin, dass man von einem Einzelfall auf alle anderen Fälle schließt. Derartige Beispiele gibt es im Alltag viele: aus einer negativen Begegnung mit einem Polizisten wird geschlossen, dass alle Polizisten gemein sind, aus der falschen Entscheidung eines Politikers wird geschlossen, dass diese Person inkompetent sei, oder die Tatsache, dass es in einem Land zu politischen Demonstrationen kommt, wird als Bestätigung dafür interpretiert, dass dieses Land insgesamt politisch und vielleicht auch wirtschaftlich und gesellschaftlich instabil ist.

Welchen Zweck verfolgen Menschen mit dieser Strategie? Hauptgrund ist wohl, dass man sich damit die Argumentation einfach macht. Viele verschiedene Einzelfälle sind schwer zu überblicken, man müsste über jeden Fall gesondert nachdenken und eine individuelle Lösung finden. Fasst man dagegen Fälle zusammen, wenn sie einige gemeinsame oder ähnliche Eigenschaften aufweisen, dann kann auf alle diese Fälle eine einzige Lösung anwenden.

Das klingt zunächst einmal verlockend, weil man so mit wenigen, oft auch recht einfachen Lösungen viele Problemfälle auf einmal lösen zu können glaubt. Man könnte also sagen, Verallgemeinerungen machen den Problemlösungsprozess effizient.

Das stimmt aber nur zum Teil und der vermeintliche Vorteil kann sich sehr schnell ins Gegenteil verkehren. Denn angenommen, die Lösung funktioniert nicht, dann hat man eine falsche Lösung auf mehrere, vielleicht auch auf recht viele Einzelfälle angewendet, die dann aber alle nicht wirklich gelöst wurden. So kann es passieren, dass man sich über eine lange Zeit mit ähnlichen Problemen beschäftigt, weil man nicht erkennt, dass man sie durch Verallgemeinerungen einem falschen Lösungsansatz zuordnet.

Aufgabe 7:

Widerlegen Sie die folgenden Verallgemeinerungen oder versuchen sie, diese entsprechend zu relativieren. Sie können dazu auch im Internet oder in der Tagespresse recherchieren.

1. Das Scheitern der Revolutionen in Libyen, Ägypten und Syrien hat gezeigt, dass man im arabischen Raum noch nicht bereit für die Demokratie ist.
2. Durch Ihre Fehlentscheidungen in der Flüchtlingskrise 2015 ist deutlich geworden, dass die Bundeskanzlerin für eine weitere Amtszeit nicht mehr antreten sollte.
3. Lehrer müssen von Berufswegen aus immer alles besser wissen und recht bekommen. Darum kann man mit ihnen nicht vernünftig diskutieren.

4.6 Unsachlichen Argumente begegnen

Unsachliche Argumente sind daran erkennbar, dass sie keinen sinnvollen Beitrag zur Sachdiskussion leisten bzw. auf unzutreffenden, übertriebenen oder polemischen Darstellungen basieren. Im politischen Diskurs z. B. entstehen unsachliche Argumente oft, indem Personen, wenn sie eine bestimmte Äußerung machen, sofort einem politischen Lager zuordnet. Die Diskussion verlagert sich dann von der Sache weg zu der Frage, ob die Zuordnung zum politischen Lager nur gerechtfertigt ist oder nicht.

Auch Topoi, also bestimmte, vorgefertigte Argumentationsmuster, können sehr unsachlich sein, wenn sie vor allem auf bestimmten Emotionen basieren. Ein solches Topos ist das Ungerechtigkeitstopos. Die gesamte Argumentation geht nicht mehr um eine bestimmte Sache selbst und das ausgewogene Durchspielen verschiedener Lösungsansätze. Stattdessen verfolgen die Menschen, die dieses Topos anwenden, lediglich das Ziel zu zeigen, dass sie im Vergleich zu anderen ungerecht behandelt werden.

Geht es zum Beispiel um die Finanzierung eines Kunstprojektes, wird argumentiert, dass dafür Geld da sein, aber dass die Straße vor dem eigenen Haus repariert wird, dafür fehle das Geld. Neid spielt hier eine große Rolle. Man gönnt anderen das vermeintlich viele Geld nicht. Die eigenen Probleme werden dabei oft völlig übertrieben dargestellt, damit sie überhaupt in die Größenordnung passen. Ignoriert werden dabei sachliche Zusammenhänge, etwa die Tatsache, dass es wohl kaum ein Land auf der Welt gibt, in denen man Gelder, die für den Straßenbau budgetiert sind, einfach für Kunstprojekte verwenden kann oder anders herum. Derartige sachliche Zusammenhänge haben aber in einer unsachlichen Diskussion keinerlei Überzeugungswert mehr.

Unsachliche Argumentation findet sich aber auch in den Fällen, in denen eine Diskussion persönlich wird. Man verlässt also die Ebene der Sache und macht einer Person Vorwürfe, die direkt gegen deren Verhalten oder Charaktereigenschaften gerichtet sind. Eine derartige Reaktion wäre zum Beispiel im Fall gegeben, wenn eine Person als inkompetent bezeichnet wird, wenn sie eine Entscheidung trifft, die andere Personen aus persönlichen Gründen (z. B. ein schon geplanter Urlaub) nicht gut finden.

Wie kann man solchen unsachlichen Argumentationen begegnen? Entweder mit Verweis auf die sachlich richtigen Zusammenhänge. Im Fall persönlicher Angriffe oder gar Beleidigungen hilft nur der Verweis darauf, dass man zur Sachebene zurückkehren soll oder die Diskussion ansonsten beendet ist.

Aufgabe 8:

Suchen Sie im Internet eine Wahlkampfrede eines bekannten Politikers.

- *e) Untersuchen Sie diese auf Textstellen, in denen möglicherweise unsachlich argumentiert wird.*
- *f) Versuchen Sie, diese Stellen in sachlicher weise umzuformulieren. Wo das nicht möglich ist, begründen Sie, warum die entsprechende Argumentation unsachlich ist.*

4.7 Faktencheck gegen falsche Behauptungen

Die Menge an Information, die heute präsentiert wird, ist extrem unübersichtlich. Dies ist vor allem durch die vielen neuen Medien, allen voran die sozialen Netzwerke entstanden. Ohne Zweifel bieten diese auch viele Möglichkeiten, sich zu informieren. Leider nutzen viele Menschen diese Möglichkeiten aber auch, um falsche Behauptungen in die Welt zu setzen. Manchmal handelt es sich dabei wohl einfach um ein Versehen. Doch gerade im politischen Kontext versuchen fast alle Parteien überall auf der Welt, durch bestimmte Meldungen ihre politischen Ziele zu bestätigen. Die Grenze zwischen Wahlkampfwerbung bzw. Marketing, tendenziöser Berichterstattung und gezielt verbreiteten Falschmeldungen ist dabei fließend.

Für den Benutzer stellt sich damit das Problem, wie man eine Falschmeldung als solche identifizieren kann. In vielen Fällen ist das tatsächlich schwierig, gerade weil in der modernen, globalisierten Welt viele Dinge passieren, die man zunächst für unmöglich oder für unwahrscheinlich hält, und die sich im Nachhinein dann doch als richtig herausstellen.

Grundsätzlich sollte man nicht nur einer einzigen Quelle vertrauen. Es ist also in jedem Fall, auch wenn man keine Zweifel hat, ratsam, eine oder mehrere weitere Quellen zu konsultieren. Wichtig ist dabei auch, verschiedene Medien zu verwenden, also z. B. neben dem Internetauftritt einer Zeitung auch einen Fernsehsender. Dabei sollte man auch einen Überblick darüber haben, welche Medienunternehmen zusammengehören. Daneben sollte man sich auch bewusst machen, dass es Nachrichtenagenturen gibt, die Meldungen an Zeitungen, Fernsehsender und andere Redaktionen verkaufen. Viele regionale Tageszeitungen können sich keine internationale Redaktion mehr leisten und beziehen alle ihre überregionalen Nachrichten von einer Presseagentur. Diese liefern bereits vorgefertigte Meldungen, die man nur noch übernehmen muss. Das führt dazu, dass man in verschiedenen Zeitungen bei Meldungen zu einem überregionalen Ereignis teilweise die gleichen Formulierungen findet. Das macht es schwer, anhand verschiedener Quellen zu vergleichen.

Um herauszufinden, ob es sich um eine Falschmeldung handelt oder nicht, sollte man auch die politische Position des Mediums kennen. Manche Zeitungen gelten als konservativ, andere als eher links und wieder andere als liberal oder wirtschaftsfreundlich. Daneben gibt es auch einige Fernsehsender und Zeitschriften, bei denen bekannt ist, dass es personelle Überschneidungen mit bestimmten, oft am äußeren politischen Spektrum angeordneten Parteien gibt. Solche Zeitschriften wählen Meldungen vor allem oft danach aus, ob diese in die politische Agenda der Partei oder Gruppierung passen. Wenn man eine Meldung dann mit der Meldung einer Zeitung aus einem anderen politischen Bereich vergleicht, dann kann man sich ein ungefähres Bild davon machen, was tatsächlich passiert ist und was die Interpretation der Partei ist.

Zudem gibt es inzwischen auch aus dem Netz heraus einige Initiativen, die es sich zur Aufgabe gemacht haben, Falschmeldungen zu identifizieren. Eine dieser Initiativen ist der aus Österreich stammende Verein Mimikama, der eine eigene Webseite betreibt, auf der Meldungen auf ihren Wahrheitsgehalt hin überprüft werden. Das Team von Mimikama versucht dabei nachzuvollziehen, wie eventuelle Falschmeldungen entstanden sind. In vielen Fällen stellt sich dabei heraus, dass es zwar einen wahren Kern haben, oft aber durch Übertreibung, Kombination verschiedener Ereignisse. Häufig werden auch Bilder aus dem Kontext genommen und mit anderen Meldungen verbunden, sodass ein völlig neuer Eindruck entsteht.

Die sicherste Methode gegen Falschmeldungen ist aber definitiv der Faktencheck. Dabei überprüft man Behauptungen einfach, indem man sich selbst ein Bild macht. Bei vergangenen Ereignissen ist das natürlich schwierig, darum muss man hier auf möglichst viele Augenzeugenberichte zurückgreifen. Bei Meldungen, die einen Ist-Zustand beschreiben, kann man natürlich durchaus diesen selbst in Augenschein nehmen.

Der Aufwand ist für alle dargestellten Möglichkeiten sehr hoch und er wird auch nicht niedriger, wenn man verschiedene Möglichkeiten nacheinander ausprobiert. Wer also weder Zeit noch die Möglichkeiten hat, dem bleibt nur eine Möglichkeit: Meldungen, die das Verhalten bestimmter Gruppen negativ (oder auch besonders positiv) darstellen oder gar kommentieren mit Vorsicht rezipieren und am besten zunächst einmal nicht einfach glauben und vor allem nicht gedankenlos und unkommentiert weiter verbreiten.

Aufgabe 9:

a) *Lesen Sie den Text und schreiben Sie entsprechende Zwischenüberschriften auf die Linien.*
b) *Schreiben Sie die Kernaussage oder Informationen, die Sie besonders wichtig finden, in die abgegrenzten Vierecke.*
c) *Besuchen Sie die Seite von Mimikama (www.mimikama.at). Sehen Sie sich einige Beispiele an und stellen Sie diese den anderen Teilnehmenden im Kurs vor.*
d) *Suchen Sie auf der Seite von Mimikama nach Informationen zu den Beweggründen des Vereinsgründers.*

4.8 Differenzieren : Konnektoren und Satzverbinder

Teil einer Argumentation ist es auch, dass man dem Gegenüber hin und wieder ein Zugeständnis macht, also zumindest teilweise zustimmt. Dazu braucht man bestimmte sprachliche Mittel. Vor allem konzessionale Konnektoren (Konjunktionen und andere Wörter, die durch ihre Bedeutung Sätze oder Satzteile miteinander verbinden können) dienen dazu, anderen Personen in einer Diskussion ein Zugeständnis zu machen, ohne dieser Person ganz recht zu geben. Selbst wenn die Gegenseite (vor allem auf der Sachebene) recht hat, dann hat man durch konzessionale Konnektoren immer noch die Möglichkeit, trotzdem die eigene Sichtweise zu präsentieren. Konnektoren, die gut geeignet sind, um zu konzedieren (also ein Zugeständnis zu machen), sind zum Beispiel :

Obwohl, trotz, auch wenn, selbst wenn, obwohl-so/doch.

Bei konzessiven Sätzen, in denen diese Konnektoren verwendet werden, steht immer der Teil, dem man der Gegenseite zusteht, zusammen mit dem Konnektor an erster Stelle. Danach kommt im zweiten Teil die eigene Position, so wie in den folgenden Beispielen:

(B1): Obwohl das Auto-Modell A einen großen Preisvorteil hat, habe ich mich für Modell B entschieden.

(B2): Trotz einiger Vorteile von Auto-Modell A bevorzuge ich das Modell B.

37

(B3): Auch wenn das Auto-Modell A viel günstiger ist, kaufe ich Modell B.

Anders verhält sich der Konnektor trotzdem, dieser steht erst im zweiten Teil der Relation:

(B4): Das Auto-Modell A ist ein sehr preiswertes Modell. Trotzdem kaufen viele das teurere Modell B.

Gegensätze, wie sie etwa in Widersprüchen beim Argumentieren vorkommen, kann man ebenfalls mit einer Reihe von Verbindungswörtern (Konnektoren) ausdrücken. Anders als bei Konzession gibt man dem Gegenüber hier keine Teilbestätigung der anderen Position, sondern man markiert das Nichtzusammenpassen von zwei Positionen. Dass man in manchen Fällen sowohl einen konzessiven als auch einen adversativen (Gegensatz markierenden) Konnektor verwenden kann, zeigen die folgenden Beispiele:

(B5): Das Auto-Modell A ist viel günstiger. Aber ich will das Automodell B kaufen.

(B6): Das Auto-Modell A hat einen großen Preisvorteil, jedoch habe ich mich für das Modell B entschieden.

(B7): Das Auto-Modell A bietet einige Vorteile, allerdings bevorzuge ich Modell B.

Die Konnektoren sind wichtig, da sie gerade bei den Sätzen, in denen wirklich Gegensätze enthalten sind, diese Gegensätze markieren. Das verleiht dem Text mehr Glaubwürdigkeit, da die Leser erkennen können, dass den Autoren diese Gegensätze bewusst waren. Würde man solche Markierungen nicht in den Text einbauen, dann würde der Text widersprüchlich, inkonsistent und auch unverständlich wirken.

Aufgabe 10: Verbinden Sie jeweils einen Satz aus der linken Spalte mit einem Satz aus der rechten Spalte. Verwenden Sie dazu die im Kasten unten stehenden Konnektoren.

aber, trotzdem, jedoch, allerdings, obwohl, auch wenn

Es gibt in vielen Ländern die Forderung nach mehr Demokratie. Mehr Demokratie ist zunächst einmal etwas Gutes.	Der dadurch entstandene Wohlstand kommt nicht bei allen Menschen an.
Die Gesellschaft hat sich in den letzten fünf Jahrzehnten erheblich gewandelt.	Bratislava ist nicht besonders groß.
Wirtschaftlich sind viele europäische Länder führend.	Manche Menschen haben in Bezug auf Punkte wie die Rollenverteilung, das Familienbild oder bei der Integration von Menschen aus fremden Ländern noch Vorstellungen wie aus dem letzten Jahrhundert.
Die meisten Menschen nutzen inzwischen das Internet täglich.	Man darf bezweifeln, ob diese Forderungen immer ausschließlich positive Konsequenzen nach sich ziehen.
Es ist im Prinzip richtig, dass man das Autofahren erst ab 18 erlaubt.	Hilfe wird nicht immer so freudig angenommen, wie man sich das als Helfender wünscht.
Bratislava ist die Hauptstadt der Slowakei.	Es gibt Probleme, die man technisch nach wie vor nicht beherrschen kann,

	wie etwa das Wetter oder Naturkatastrophen.
Der Wunsch, dass man Menschen, die arm sind, hilft, ist verständlich.	Für manche Menschen bedeutet das, dass sie gerade in der Zeit des Erwachsenwerdens auf ein großes Stück Freiheit verzichten müssen.
Der technologische Fortschritt in der Welt ist insgesamt groß.	Deutschland ist beim Ausbau der schnellen Datenleitungen nicht an vorderster Stelle.

5 Gestaltungselemente der Argumentation

5.1 Interkulturelle Argumentation: Tabuthemen und Fallen

- Auf inhaltlicher Ebene gibt es in vielen Ländern Tabu-Themen. In Deutschland zählt dazu zweifelsohne die Zeit des Dritten Reiches. Vergleiche aktueller Entwicklungen mit der Zeit des Dritten Reiches oder gar Gleichsetzungen mit dem Holocaust werden darum als unangemessen und überzogen gewertet.

- Ein weiteres Tabu-Thema ist der Verdienst. Man sollte niemanden direkt fragen, wie viel er verdient. Wenn man über den Verdienst spricht, dann nur in explizit als solche gekennzeichneten Gehaltsverhandlungen.

- Auch das Alter einer Person sollte nicht Gegenstand eines Gespräches sein. Das kann gerade bei Themen, in denen es um Generationenunterschiede geht, relevant sein. Die Überalterung der Gesellschaft in Deutschland zeigt sich an vielen Stellen und führt auch innerhalb Deutschlands immer wieder zu Konflikten. Aussagen, die suggerieren, dass die ältere Generation es sich auf Kosten der jungen Generation gut gehen lasse, können darum harschen Widerspruch hervorrufen.

- Zweideutige Aussagen wie „Schön, dass ich nach einer Stunde Ihren Plan verstanden habe!" können in anderen Ländern als ironisch und damit beleidigend aufgefasst werden. Darum solche Aussagen nur benutzen, wenn man sicher ist, dass sie nicht falsch verstanden werden.

Aufgabe 1:

a) *Sammeln Sie Beispiele aus Ihrem eigenen Land. Welche Themen werden nicht gern besprochen? Wie haben Sie das erfahren?*

_____

_____

_____

_____

_____

_____

_____

_____

b) *Schreiben Sie auf, wie man in Ihrem Land zu folgenden Themen denkt. Es geht nicht um Ihre eigene Meinung, sondern darum, die dominierende Position in der Gesellschaft zu zeigen. Notieren Sie auch, ob es Tabus gibt, über die nicht gesprochen wird.*

Meinungs- und Pressefreiheit	
EU-Erweiterung	
Bildungsreform	
Gewerkschaften und Betriebsräte	
Innere Sicherheit	
Datenklau und Daten-	

schutz	_____ _____ _____ _____
Elektromobilität und Energie	_____ _____ _____ _____
Staatliche Unabhängigkeit	_____ _____ _____ _____

c) *Tauschen Sie sich mit den anderen Teilnehmenden im Kurs aus und verglei-chen Sie die verschiedenen Einträge. Begründen Sie gegenüber den anderen Kursteilnehmenden, was Sie geschrieben haben.*

5.2 Diskussionsorte und –themen

Eine Diskussion ist immer auch vom Kontext abhängig. Wenn Sie eine Diskussion in einem ruhigen Seminarraum an einem runden Tisch halten, wird die Diskussion an-ders laufen, als wenn Sie zum Beispiel ohne Tisch stehen müssen oder wenn Sie an einer lauten Straße vorbeilaufen.

Aufgabe 2: Eigene Erfahrungen mit Diskussionen

Beantworten Sie hierzu in 2er Gruppen einige Fragen:

a) *An welche Diskussionen können Sie sich gut erinnern? Welche Themen wur-den diskutiert und wo fand die Diskussion statt? Wie lang wurde diskutiert?*
b) *Sammeln Sie im Plenum die Ergebnisse!*

5.3 Pro- und Contra-Argumente

Ohne Argumente ist eine Diskussion nicht sinnvoll. Das Ziel dieses Teils ist mit Hilfe der Unterrichtseinheiten zum Thema „Argumentieren" eine nützliche Diskussion zu führen. Es geht hier nicht um Ihre persönliche Meinung, sondern darum, verschiedene Argumente als Pro-Argumente und Contra-Argumente zu einer bestimmten Fragestellung zu gruppieren.

Das Thema lautet „Internetbekanntschaften – Eine neue Möglichkeit, neue Freunde kennenzulernen"

Aufgabe 3: Gefahren im Internet

a) *Sammeln sie einige positive und negative Elemente von sozialen Netzwerken anhand Ihrer eigenen Erfahrung.*

b) *Lesen Sie den untenstehenden Text. Beurteilen Sie, ob dieser sinnvolle Argumente liefert. Ordnen Sie diese nach pro und contra.*

Im Internet kann man jede Menge Leute treffen. Egal ob Facebook, Twitter, Instagram oder Tinder, überall kann man neue Freunde finden. Und doch ist das unglaublich gefährlich. Man hat keine Ahnung, mit wem man es da eigentlich zu tun hat. Ich finde ja, die jungen Leute sind da viel zu naiv. Sie melden sich einfach an. OK, sie können dabei ihre Alter angeben, aber auch da gibt es gar keine Kontrolle. Auch ein 50-Jähriger kann sich da zu einem 15 Jahre alten Teenager machen. Und wenn dann etwas passiert, dann heißt es wieder, das konnte ja keiner vorausahnen. Nicht mal die Eltern wissen, was ihre eigenen Kinder da so treiben. Wieso kann man solche Plattformen nicht einfach verbieten. Fertig aus. Aber nein, da stehen dann die individuelle Freiheit und die Meinungsfreiheit und alles Mögliche entgegen. Früher hätte es sowas nicht gegeben, da herrschten noch Zucht und Ordnung, aber heutzutage darf man den Jugendlichen ja auch nichts mehr sagen. Ich finde das nicht gut und mit ist die Sicherheit und Ordnung wichtiger als dieses ganze Gequatsche mit der Meinungsfreiheit.

c) *Versuchen Sie, mit Hilfe der gesammelten Argumente eine Diskussion zu führen. Versuchen Sie, so zu sprechen, dass Sie sich auf das vorher genannte Argument beziehen.*

Beispiele:

- „Ja, es ist richtig, dass soziale Netzwerke neue Möglichkeiten zum Kennenlernen bieten, aber es ist auch wahr, dass ....."
- „Ich weiß nicht, ob Internet-Foren eine so gute Möglichkeit sind. Es ist doch viel einfacher, ..."

6 Diskussionen als Chance

6.1 Wie entstehen neue Ideen?

Aufgabe 1: Neue Ideen zur Mobilität

a) *Als Vorüberlegung (zu Hause): Woher erhalte ich neue Ideen? Wie kann man neue Ideen gewinnen? Eine Diskussion bietet oft einen „Aha-Effekt": Durch den Austausch von Argumenten kann man auf neue Ideen kommen. Dies zeigen persönliche Erfahrungen. Können Sie sich an solche Situationen erinnern?*

Situation: Auf der Frankfurter Automobilmesse IAA werden jedes Jahr neue Modelle vorgestellt. Bei solch einer Veranstaltung wird gerne diskutiert, gerade wenn man ökonomische und ökologische Aspekte des Autos bedenkt.

b) *Lesen Sie nun den gekürzten Text über Elektromobile aus der Frankfurter Neuen Presse:*

Von Trnava nach Nürnberg mit dem Elektromobil – ein Selbstversuch

Trnava, Nürnberg. Der Autojournalist Michael Raser hat den Selbstversuch gewagt – fast 600 Kilometer quer durch Europa. In einem Kleinwagen, der von einer slowakischen Firma zum Elektromobil umgebaut wurde. Kann das gut gehen?

Klein ist er, der neue Clever e-wizz von Electrify! In Trnava. Die junge Firma hat sich darauf spezialisiert, serienmäßige Kleinwagen mit Verbrennungsmotor umzurüsten auf Elektroantrieb. 450 Kilometer Reichweite sollen damit möglich sein, bei einer Durchschnittsgeschwindigkeit von immerhin 110 km/h. Bei den vielen Baustellen, die teilweise mehr als 15 Kilometer lang sind und oft nur Tempo 60 zulassen, dürfte sich die Reichweite damit erreichen lassen, sofern man nicht versucht, durch erhöhte Geschwindigkeit zwischen den einzelnen Baustellen die vermeintlich verlorene Zeit wieder hereinzuholen. Aber die Höchst–geschwindigkeit von 130 Km/h schiebt dem ohnehin einen Riegel vor. Nicht, dass der e-wizz nicht schneller könnte, das benzingetriebene Original kommt immerhin auf eine offizielle Höchstgeschwindigkeit von 173 km/h, aber jenseits der 130 km/h-Marke steigt der Stromverbrauch extrem an, die Reichweite verringert sich entsprechend. Empfohlen wird von Electrify! eine Reisegeschwindigkeit zwischen 110 und 120 km/h.

Großes Gepäck im kleinen Wagen

Wir fahren am nächsten Morgen gleich um 8.00 Uhr los, zwar nach dem morgentlichen Berufsverkehr, aber noch so rechtzeitig, dass man bei Ankunft in Nürmberg noch ein zwar spätes, aber eben doch noch ein Mittagessen zu sich nehmen könnte. Wir, das sind der Fahrer und Autor dieses Artikels und seine Kollegin mit deren kleiner Tochter. Sie wollen in Nürnberg den Papa besuchen und sind froh über eine kostenlose Mitfahrgelegenheit. Das heißt aber auch, dass der kleine Clever ziemlich voll gepackt ist. Das große Windepaket hatte im kleinen Kofferraum keinen Platz, also musste es neben Kolleginnen-Töchterchen Mariella auf die Rückbank. Da ist es wenigstens grifbereit.

Schlechte Nachrichten gleich zum Beginn der Reise?

Als wir in Trnava losfahren, zeigt der Akkuladestand 100 % an, der Cleber durfte über Nacht an die normale Steckdose, aber nur, um den Ladestand zu halten, denn als ich ihn am Vortag übernommen habe, war er zu 95% aufgeladen. Ihre Reisedauer beträgt voraussichtlich 5 Stunden und 24 Minuten. Soweit, so gut. Doch e-wizz hat schlechte Nachrichten: „der aktuelle Ladestand reicht für die geplante Strecke nicht aus." „Oh nein," doch das habe ich auch schon vorher gewusst. Auch der kleine e-wizz weiß Rat: „Möchten die nach Lademöglichkeiten unterwegs suchen?". „Ja, ich bitte sehr darum!" – Mal sehen, ob er auch die findet, die ich vorher schon im Internet ausgekundschaftet habe. Tut er. Wir wollen erstmal Strecke machen, bis Wien sind es knapp 100 Kilometer, einige Kilometer weiter, in Alland, gibt es angeblich am Autohof eine Ladestation. Zwischen Trnava und Bratislava sind nur 110 km/ erlaubt, wir fahren also mit Höchstgeschwindigkeit und die kleine Madame im Rücksitz nickt seelig ein.

Knappe zwei Stunden später, den unausweichlichen Wiener Stadtautobahn-Stau miteingerechnet, fahren wir in Alland von der Autobahn ab. Ich freue mich auf den Kaffee und das Auto auf einen kleinen Boost, der Akku hat vor allem im Stau doch Federn, bzw Ampere, gelassen. Keine 80% zeigt er mehr an, nicht dramatisch, aber angesichts der Strecke, die noch vor uns liegt, doch nicht zu verachten.

Die erste Ladestation ist schonmal ein Reinfall.

Am Autohof Alland versteckt sich die Ladesäule gut hinter der Waschanlage, die Zufahrt ist zunächst von einem riesigen 40-Tonnen-LKW versperrt. Als dieser sich endlich wegbewegt, gibt er das Schild auf die Ladesäule frei. Davor ein Leitkegel, der wohl nichts gutes bedeutet. Tatsächlich, die Anzeige ist tot, keine Reaktion, als ich den Ladestecker aus der Buchse ziehe. Mariella ist inzwischen aufgewacht und hat zu schreien begonnen, sie hat wohl die Windel voll. Also muss Kollegin Illona sie wickeln. Auf vorsichtige Nachfrage beim Mann an der Kassa kommt die knappe und nicht besonders freundliche Antwort, dass die Ladestation noch nie richtig funktioniert habe, darum habe der Chef sie letzten Monat abgeschaltet. Kaffee gebe es auch keinen, macht er auch meine letzte Hofnung zunichte. Also geht es erst mal weiter, hier hält uns nichts mehr.

Neuer Versuch, neues Glück

Die nächste Ladestation soll in Oed bei Amstetten sein, ebenfalls bei einem Autohof. Bis dahin sollten wir es locker schaffen. Wenn da nur nicht schon wieder ein Stau wäre. Und der dauert ziemlich lange, da die Autobahn gesperrt ist. Durch das Stop-und-Go ist auch die kleine Madame wirder aufgewacht und plärrt. Diesmal sind der Grund aber nicht die vollen Windeln. Langsam wird es echt knapp und wir beneiden die anderen Autos, die diese Probleme nicht haben. Fast schadenfroh beobachten wir einige Kilometer später, wie ein Mann bei seinem Auto Treibstoff aus einem Kansiter nachfüllt. Doch der kann wenigstens nachfüllen. Als wir schließlich in Oed am Autohof ankommen, ist die Ladestandsanzeige schon tief im gelben Bereich. Die bange Frage lautet: Wird diese Ladestation funktionieren? Ja, die Anzeige leuchtet auf, als ich den Stecker aus der Buchse nehme. Also nichts wie angehängt, glücklich fängt der kleine e-wizz zu blinken und zu summen an." Ladezeit bis 80% Aufladung: 3,5 Stunden", verkündet er stolz. Gibt es hier keinen Schnellboost? „Die Schnellladefunktion steht aus technischen Gründen derzeit nicht zu Verfügung", heißt es. Wir beschließen, das Mittagessen vorzuziehen. Und ich brauche endlich einen Kaffeee.

Ende gut, alles gut?
Nach knapp 1,5 Stunden, einem leckeren Mittagessen und mehreren Portionen Kaffee können wir die Weiterrreise nicht länger hinauszögern, wir wollen ja auch ankommen. Als wir ans Auto kommen, verkümdet e-wizz stolz, dass er bereits zu 71% geladen ist. Na wunderbar, dann nichts wie los.

Auch die Autobahn meint es jetzt gut mit uns. Wir kommen gut voran und erreichen nach etwas über eineinhalbe Stunden sind wir schon bei der nächsten Ladestation. Dort funktioniert sogar der Schnelllader. Nach einer weiteren halben Stunde ist der e-wizz wieder voll und erst jetzt wird uns klar, dass wir schon in Deutschland sind. Die restlichen 250 Kilometer sind somit schon reine Routine. Mit den anfänglich kalkulierten 5,5 Stunden Reisezeit hat sich der kleine e-wizz doch ziemlich verschätzt. Durch Stau und die Verzögerungen beim Nachladen haben wir gute 2,5 Stunden verloren. Es ist schon fast 16 Uhr, als wir endlich in Nürnberg ankommen.

Doch wir haben gesehen, dass man durchaus eine solche weite Strecke mit dem Elektroauto fahren kann. Wenn die Zahl der Ladestationen weiter wächst, dann kann man den Ausfall der einen oder anderen Station auch einmal verschmerzen. Da ist der ausgefallene Kaffeeautomat schon ärgerlicher.

c) *Überlegen Sie, an welchen Punkten der Schilderung Sie Details vermissen, die im Zusammenhang mit der Frage stehen, ob das Elektroauto eine Alternative zum Verbrennungsmotor ist.*

d) *Besuchen Sie zu Hause die Internet-Seite www.goingelectric.de/forum und schauen Sie unter dem Schlagwort „Anreize" nach, wie die User aktuell über das Thema diskutieren. Notieren Sie Beispiele für gute und schlechte Diskussionsbeiträge. Was fällt Ihnen bei der Diskussion auf?*

e) *Schreiben Sie einen eigenen Forumsbeitrag (Forum wird vorher vom Lehrenden im Moodle oder auf einer anderen Plattform eingerichtet) zum Thema „Kaufanreize: Sinn und Zwecke". Er sollte ca. 100-150 Wörter lang sein. Vergessen Sie nicht, Ihre Meinung zu äußern und verschiedene Argumente einzusetzen. Vielleicht wissen Sie, dass nicht nur der Staat, sondern auch Firmen Kaufanreize explizit geben können, nicht nur implizit, zum Beispiel durch Sonderangebote.*

6.2 Gezieltes Nachfragen

Nach einer Präsentation heißt es oft: „Vielen Dank für Ihre Aufmerksamkeit." Doch bereits vor einer Präsentation sollte man aufmerksam überlegen, was einen überhaupt interessiert. Oft ist es ein Vorteil, sich bereits vorher mit dem Thema zu beschäftigen, gerade wenn man einen Vortrag besucht oder eine Person interviewen möchte.

Aufgabe 2: *Sie erhalten die Einladung zu einem Vortrag mit dem Thema „Die Verschmutzung der Ozeane". Betrachten Sie die folgenden Internetseiten zum Thema.*

Schreiben Sie drei Fragen auf, die sich für Sie ergeben:

_____

_____

_____

6.3 Wo soll es eigentlich hingehen - Diskussionsziele

Aufgabe 3: Diskussionen können auch dazu dienen, ein gewisses Ziel zu erreichen. Es ist wichtig, vor oder spätestens bei der Diskussion zu wissen, welches Ziel man eigentlich verfolgt. Im Folgenden ist das Ziel die Entscheidung, ob sich ein Wohnungskauf lohnt oder nicht. Hintergrundinfo zur Wohnungssuche finden Sie in „Welt der Wunder" (Link: https://www.youtube.com/watch?v=IxsubqgebFA)

Schauen Sie sich das Video an und machen Sie Notizen, warum die Suche nach einer Mietwohnung schwierig ist.

Die gesammelten Argumente sollten eigentlich für den Kauf einer Eigentumswohnung sprechen.

Suchen Sie in den entsprechenden Immobilienportalen nach Wohnungen in den Städten, die im Video genannt wurden. Hat sich Ihre Meinung zum Kauf einer Eigentumswohnung nach dieser Suche verändert oder nicht? Geben Sie an, warum.

Sehen Sie nun das folgende Video mit Tipps zum Kauf einer Eigentumswohnung an: https://www.youtube.com/watch?v=-Z_SBcDTqCE

Schreiben Sie weitere Argumente auf, die Ihnen nach diesem Video für oder gegen den Kauf einer Eigentumswohnung eingefallen sind.

Die folgenden Stichpunkte können Ihnen dabei helfen:

Unterlagen und Dokumente

Eigennutzung

Verkehrsanbindung

Lage

aktuelle Mieter

Zustand

Mieteinnahmen

46

Aufgabe 4: Redeabsichten und Diskussionsziele erkennen

Geben Sie zu folgenden Aussagen die mögliche Redeabsicht an. Begründen Sie Ihre Entscheidung.

Ich will mein Geld zurück.

Niemand hat die Absicht, eine Mauer zu bauen.

Wer den Groschen nicht ehrt, ist den Taler nicht wert.

Bitte gebt eure Abrechnungen bis morgen ab. Die Frist war schon letzte Woche, alle anderen haben es auch geschafft.

Zu Ihrer eigenen Sicherheit ist der Zutritt zum Gebäude nur in Begleitung eines Angestellten möglich.

Meine Frau und ich sind seit über 40 Jahren verheiratet und zwischen uns gibt es nie Streit - Meinungsverschiedenheiten schon, aber nie Streit. Davon sollten sich heutigen Mächtigen mal eine Scheibe abschneiden.

Wer Visionen hat, sollte zum Arzt gehen!

Es gibt in diesem Land, meine Damen und Herren, kein Anrecht auf Faulheit. Wer arbeiten kann, der soll auch arbeiten.

Ja, ich weiß, da müssen Sie halt dann schauen...

Herr Taxifahrer, Sie müssen mal ein bisschen vorsichtiger fahren, Sie haben dav orne so scharf gebremst und dann hätten Sie fast den Radfahrer umgefahren.

Kannst Du mir nicht ein bisschen Geld geben. Du hast Doch so viel und ich hab nichts. Ich muss doch auch was essen, verstehst Du?

47

Aufgabe 5: Argumentation bei Personalauswahl und Vorstellungsgespräch

Andrea hat sich auf eine Stelle als Buchhalterin in einem großen Unternehmen der Finanzbranche beworben. Obwohl Sie eigentlich eine Ausbildung als Reiseverkehrskauffrau hat, wurde sie eingeladen. Bisher hat Andrea in einem Reisebüro am Bahnhof gearbeitet, sodass sie vor allem Urlaubsreisen und Zugtickets verkauft hat. Weil das Reisebüro nur wenig Angestellte hatte, war Andrea auch mit der Abrechnung und der Buchhaltung beschäftigt. Dazu hat sie extra noch einen Kurs an einer Fernakademie absolviert, was auch mit einem Zertifikat bestätigt wurde.

a) Zuerst nehmen Sie die Rolle des Personalleiters ein. Welche Kriterien sollten die geeigneten Kandidatinnen und Kandidaten erfüllen. Überlegen Sie zuerst selbst, dann diskutieren Sie die Vorschläge in der Gruppe.

b) Vier freiwillige Teilnehmer bewerben sich für die Stelle. Sie spielen nun nicht sich selber in der Wirklichkeit, sondern einen bestimmten Charakter. Die anderen Teilnehmer bilden die Personalabteilung, die durch geschickte Fragen die Bewerber bewerten. Diese müssen vorher vorbereitet werden. Beispiel: „Wie organisieren Sie Ihre Kundenbesuche?" Folgende Tabelle kann helfen; dort können Sie sich zu den Antworten der Kandidaten Notizen machen und Punkte verteilen. Denken Sie daran, dass nur die Verteilung von Punkten nicht ausreicht!

Name des Kandidaten	Konzeptionelle Stärken (0-3 Punkte)	Soziale Kompetenzen (0-3 Punkte)	Andere Eigenschaften (0-4 Punkte)	Bewertungs-punkt (0-10 Punkte)

c) Am Ende setzen sich die Mitglieder der Personalabteilung zusammen und diskutieren über die gewonnen Eindrücke. Am Ende müssen sie sich auf einen Kandidaten einigen, der eingestellt wird! Diplomatisch teilen Sie allen Kandidaten kurz das Ergebnis mit. Sie müssen nur den erfolgreichen Personen erklären, warum er oder sie überzeugt hat.

Aufgabe 6: Mimik und Gestik (Nonverbale Argumentation)

Die Basisemotionen (Freude, Wut, Ekel, Furcht, Verachtung, Traurigkeit und Überraschung (vgl. Ekman 1999) sind in jedem Land und in jeder Kultur bekannt.

1. Sehen Sie das Video unter folgendem Link an und ordnen Sie die dargestellten Gesten zu entsprechenden Gefühlen anhand des Youtube-Videos:
https://www.youtube.com/watch?v=6pJeW4eAw0c.

2. Was passiert mit den Augenbrauen, Mundwinkeln und den Augen? (Mögliche Antworten: Weitung, nach oben/unten gezogen, offen, (halb) geschlossen, ...)

3. Überlegen Sie, in welcher Situation diese Grundemotionen entstehen.

4. Wie sieht ihr Gesicht aus, wenn...

a) die Verkäuferin im Geschäft (mal wieder) zu langsam ist?
b) Ihr nerviger Büronachbar mal wieder für alle hörbar telefoniert?
c) es in der Kantine Ihr Lieblingsessen gibt?
d) Sie vom Chef für Ihre Arbeit gelobt worden sind?
e) Sie die ganze Nacht durchgearbeitet haben, um den Quartalsbericht fertig zu bekommen?
f) Sie morgens ins Büro kommen und feststellen, dass Sie eine wichtige Fortbildung vergessen haben?

Rollenspiel Gestik und Mimik

Rollenkarte A	Rollenkarte B
Sie sind ein neuer Mitarbeiter in der Vertriebsabteilung eines Unternehmens, das Sitze für die Autoindustrie herstellt. Sie sind den ersten Tag in der Abteilung.	Sie sind Leiter im Vertrieb bei einem Unternehmen, das Sitze für die Autoindustrie herstellt. Sie sollen einen neuen Mitarbeiter einweisen.
(1) Begrüßung	(1) Begrüßung
(2) B stellt eine Frage.	(2) Fragen Sie, ob A schon die Anfrage von VW bearbeitet hat.
(3) Verneinen Sie die Frage. Warten Sie die Reaktion von B ab.	(3) A verneint die Frage. Sie reagieren überrascht.
(4) B stellt eine Frage.	(4) Fragen Sie nach dem Grund für die fehlende Bearbeitung.
(5) Stellen Sie eine Frage nach Zeit und Inhalt der Anfrage.	(5) A gibt einen unzureichenden Grund und stellt eine Gegenfrage. Sie reagieren ungeduldig bis verärgert.
(6) B reagiert verärgert. Sie bekommen Angst und versprechen eine schnelle Klärung.	(6) A verspricht eine schnelle Klärung. Achten Sie auf den Gesichtsausdruck von A.
(7) B reagiert erfreut und verspricht einen Kaffee. Sie reagieren ebenfalls erfreut.	(7) Sie freuen sich, dass A kooperativ reagiert. Versprechen Sie A für nach der Klärung einen Kaffee.

7 Besondere Argumentationskonstellationen

7.1 Heuristisches Argumentieren oder: Ich bin ganz meiner Meinung?

Aufgabe 1: Hat eine Person immer nur eine Meinung? Jeder Mensch muss selber täglich mehrfach Entscheidungen treffen. Dabei hat man zu vielen Fragen nicht sofort eine klare Meinung. Oft muss man eine längere Zeit nachdenken und selbst, wenn man dann eine Entscheidung getroffen hat, revidiert man sie manchmal wieder, weil man sich der Vor- und Nachteile einer Entscheidung erst später bewusst wird. Ein gutes Beispiel ist die Auswahl eines Mobilfunkvertrages.

a) Machen Sie eine Liste: Welche Bedürfnisse haben Sie beim Mobilfunk bzw. beim mobilen Internet? Surfen Sie z. B. gerne, wenn Sie im Zug unterwegs sind? Oder haben Sie Freunde, die weiter weg wohnen und mit denen Sie darum auch manchmal stundenlang telefonieren?

b) Recherchieren Sie im Internet bei verschiedenen Mobilfunktanbietern nach günstigen Angeboten. Versuchen Sie die Ergebnisse in einer Tabelle möglichst übersichtlich darzustellen.

c) Simulieren Sie in Partnerarbeit ein Beratungs- und Verkaufsgespräch zwischen Kundenberater und Kunde. Das Gespräch kann entweder in der Filiale eines Mobilfunkanbieters oder auch als Chat oder telefonische Beratung ablaufen. Am Ende sollte es zu einem Vertragsabschluss kommen.

Aufgabe 2:

Die Auswahl der Hochschule ist zu Beginn des Studiums oft keine leichte Entscheidung. Sich gut zu informieren ist dabei die Hauptaufgabe. Doch die Angebote der Hochschulen sind oft verwirrend und unübersichtlich.

Wählen Sie etwa drei Hochschulen/Universitäten in der Slowakei aus, die das Studium der deutschen Sprache anbieten, und äußern Sie sich zu folgenden Punkten. Sie können von der eigenen Auswahl ausgehen.

I. Bewertung des Angebots der Universität

Wichtig ist für mich speziell, dass....   Der Vorteil von ... ist natürlich .... hingegen ist ... weniger wichtig für mich.   ....sehe ich mehr als Nachteil.   Ich vermisse vor allem ...

50

> Etwas mehr ... könnte nicht schaden.

II. Reaktionen beim Beratungsgespräch/am Informationsstand

> Dem stimme ich zu.
> Ich bin auch dieser Meinung.
> Das finde ich auch.
> ich ziehe es vor, wenn...
> Das sehe ich anders.
> Da bin ich mir noch nicht so sicher.
> ...für mich ist das nicht so relevant, weil...

III. Nachfragen beim Infostand/bei der Beratung

> Nochmal zum Verständnis, habe ich das richtig verstanden, dass...
> Können Sie noch einmal etwas dazu sagen, wie ... genau funktioniert?
> Also muss ich dann ... machen?

7.2 Ironie und Sarkasmus

In einer Debatte um verschiedene Führungsstile spricht sich eine Person dafür aus, dass ein autoritärer Führungsstil wünschenswert sei. „Das schafft Klarheit und man weiß, woran man ist", begründet die Kollegin ihre Haltung. Ein Kollege, der für seine kritische Haltung zu Autoritäten bekannt ist, antwortet: „Natürlich, wer wird denn hier auch schon für's Denken bezahlt?".

Diskutieren Sie mögliche Reaktionen und entscheiden Sie sich für die ihrer Meinung nach Beste. Um Ihre Entscheidung zu begründen, können Sie auf die unten abgedruckten Begründungen zurückgreifen.

Mögliche Reaktionen:
a) Abbruch des Gesprächs ohne weiteren Kommentar.
b) „Es geht hier nicht ums Denken, sondern um klare Führungsstrukturen."
c) „Naja, ich würde sagen, jeder nach seinem Können, oder?"
d) „Wieso kann man hier eigentlich keine sachliche Diskussion führen?"

Mögliche Begründungen für/gegen die Reaktionen:
a) Durch die Formulierung als Frage bleibt genauso wie bei der Ausgangsäußerung offen, auf wen man sich bezieht. Diese Aussage nimmt die persönliche Ebene der sarkastischen Bemerkung auf und kontert ebenfalls auf persönlicher Ebene.
b) Die Aussage des sarkastischen Kollegen wird als irrelevant klassifiziert und das Gespräch auf die eigentliche Frage zurückgeleitet. Der Konter erfolgt auf sachlicher Ebene.
c) Die Situation wird nicht geklärt und der sarkastische Kollege behält das letzte Wort. Das könnte als Rückzug/Kapitulation der Kollegin gewertet werden.
d) Mit dieser Äußerung weicht man auf die Metaebene aus. Es wird nicht mehr über das Problem gesprochen, sondern über die Art der Gesprächsführung. Eine Klärung

auf inhaltlicher Ebene ist damit nicht möglich.

Aufgabe 3: Argumentation mit Pastewka

a) Schauen Sie einen Ausschnitt aus einer Folge der Comedyserie „Pastewka"
an: https://www.youtube.com/watch?v=POCWqrPVATY
Welche Konflikte gibt es in dem Videoclip? Beschreiben Sie kurz die beiden
Positionen in den jeweiligen Konfliktsituationen.

b) Welche dieser Ausdrücke kommen im Video vor? Ergänzen Sie die fehlenden
Teile.

---

1. „Wozu brauchen Sie ..."

2. „Ja, aber ich ... nur sehr ungern ....."

3. „Könnte ich vielleicht jetzt bitte ..."

4. „Brauchst Du aber ...."

---

c) Nutzen Sie nun die oben abgedruckten Phrasen, um selbst Sätze zu formulieren.
Um folgende Themen kann es dabei gehen (Bezogen auf den Videoausschnitt):

- Soll Kim (das Mädchen auf dem Beifahrersitz) sich angurten oder nicht?
- Soll Pastewka seine Postleitzahl angeben oder nicht?
- Wie gesund ist das Essen, das die beiden zu sich nehmen?

7.3 Diskutieren unter vielen

In der heutigen Zeit werden viele Diskussionen öffentlich geführt. Das bedeutet, dass
es oft keinen festen Kreis von Diskutanten gibt und dass sich die Diskutanten zum
Beispiel über das Internet austauschen können. Erst seit wenigen Jahren gibt es
Twitter, was Diskussionen eine ganz neue Form geben kann.

Aufgabe 4: Online-Diskussionen

a) Was ist das Besondere an einer Diskussion im Netz? Berichten Sie aus Ihren eigenen Erfahrungen. Diese Erfahrungen können aus der Nutzung sozialer Netzwerke
wie Facebook oder Twitter stammen, aber auch aus der Nutzung der Kommentar-
funktion von Spiegel online, FAZ.net, etc., oder die Verwendung von online-Foren zu
verschiedenen Themen.

b) Im Zusammenhang mit zunehmender Aggressivität im Netz gibt es Überlegungen,
dass man die Gesetze strenger macht. Andere Stimmen gehen sogar noch weiter:

Angesichts solcher Äußerungen kann man Zweifel an der Meinungsfreiheit bekommen. Wie lässt es sich noch rechtfertigen, dass Menschen, die offensichtlich keine
Ahnung von einem zivilisierten Umgang miteinander haben, ihr Recht auf freie Meinungsäußerung so missbrauchen?

Was könnte der Hintergrund für diese These sein? – Sammeln Sie im Internet auf den entsprechenden Foren (z. B. Spiegel online, FAZ.net, Sueddeutsche.de) Äußerungen, die eine solche These erklären können.

c) Schauen Sie, wie welche zentralen Argumente die Autorin im Artikel nutzt:

Warum in Zeiten von sozialen Netzwerken die Meinungsfreiheit nicht nur etwas Gutes ist.

Facebook und Twitter ermöglichen es heute, sich innerhalb von Sekunden über alle möglichen Themen auszutauschen. Da wird das Kleid einer englischen Herzogin genauso kommentiert wie die Fehltritte einiger Promis aus der zweiten und dritten Reihe in Sachen Beziehung. Alle sind sie vermeintliche Kenner der Materie, auch wenn viele mehr Unwissen als irgendetwas anderes zeigen. So weit. So gut. Man muss das alles nicht gut finden und man muss sich noch nicht einmal dafür interessieren. Aber nun gibt es eine neue Dimension, in der die Nutzer sich nicht nur in der Sache inkompetent äußern, sondern auch ihre Mitmenschen, sofern diese anderer Meinung sind, mit üblen Beschimpfungen zu adressieren. Dabei wird die volle Bandbreite genutzt: Tiernamen, Fäkalsprache oder Ironie, die nur als solche getarnt wird. Angesichts solcher Äußerungen kann man Zweifel an der Meinungsfreiheit bekommen. Wie lässt es sich noch rechtfertigen, dass Menschen, die offensichtlich keine Ahnung von einem zivilisierten Umgang miteinander haben, ihr Recht auf freie Meinungsäußerung so missbrauchen?

Warum muss jeder auf Spiegel online einen Artikel über die sozialen Probleme in Ghana kommentieren können? Die meisten der Kommentatoren wissen wahrscheinlich noch nicht einmal genau, wo Ghana liegt. Und genau hier liegt eines der Probleme. Jahrelang wurde den Menschen erzählt, sie hätten das Recht und die Freiheit auf ihre eigene Meinung. Doch dabei wird fast immer vergessen, dass diese Freiheit auch Pflichten bringt. Wer sich äußern will, der sollte sich vorher auch informieren. Und wer einen Kommentar abgibt, der sollte sich vorher zumindest für eine Minute überlegen, ob die Welt diesen Kommentar wirklich braucht.

Warum darf man zum Beispiel niemanden (zu Recht übrigens) als „Hornochsen" bezeichnen, doch bei der Meinungsäußerung ist plötzlich alles erlaubt? Nur weil einmal ein grüner Politiker vor Jahren sich in einer Debatte nicht beherrschen konnte und den damaligen Bundestagspräsidenten mit wenig schmeichelhafter Fäkalsprache titulierte? Es gibt absolut keinen Grund, zu derartigen sprachlichen Mitteln zu greifen. Der Affekt mag in diesem einzelnen Fall eine Erklärung sein, doch zum Vorbild taugt der Fall nicht. Er ist und bleibt eine Beleidigung, keine Meinungsäußerung, da von der Meinung dieser Person auf ihren gesamten Charakter geschlossen wird.

Inwiefern man derartigen Fehlentwicklungen entgegenwirken kann, wird sich kaum einfach beantworten lassen, besonders angesichts der Tatsache, dass eines der geschilderten Beispiele bereits bald 30 Jahre alt ist. Gesetzverschärfungen wären ein Weg, doch es wird mit der Umsetzung einige Schwierigkeiten geben. Da bleibt nur noch der Appell an die Vernunft der Menschen, die Freiheit, die sie haben, mit Vorsicht und Respekt zu behandeln. Und im einen oder anderen Fall könnte auch der Hinweis darauf helfen, dass keine Meinung zu einem Thema zu haben, auch mit dem Recht auf Meinungsfreiheit vereinbar ist.

Aufgabe 5: Der lachende Dritte? Moderatoren und Vermittler in Diskussionen

Nicht immer hat man selbst eine Meinungsverschiedenheit mit jemand anderem. Es gibt auch Fälle, da ist man der Dritte, wenn zwei Freunde, Familie oder Bekannte verschiedener Meinung sind. Nicht selten passiert es dann, dass man unfreiwillig zum Vermittler wird, weil die Frage gestellt wird; „Was sagst Du denn dazu?". Dann blickt man in erwartungsvolle Gesichter der beiden Kontrahenten und muss irgendwie reagieren.

Arbeiten Sie in Gruppen mit mindestens drei Teilnehmenden. Verteilen Sie die Rollen: Zwei Kontrahenten und der Moderator. Einige Themen zur Auswahl:

I. Zur Feier der bestandenen Abiturprüfung will die kleine Schwester in der Innenstadt mit Freunden feiern. Ihre Eltern wollen lieber in einem Landhotel mit feinem Restaurant essen.

II. Im Nachbarort hat ein neues Einkaufszentrum eröffnet. Ihre beste Freundin will spontan unbedingt dorthin fahren und einen Shopping-Trip veranstalten. Ihr Freund dagegen will lieber das schon länger geplante Fußballspiel in Trnava besuchen.

III. Ihre Familie plant, ein Gesellschaftsspiel für eine Party zu kaufen. Ihre jüngeren Geschwister wollen ein neuartiges Spiel kaufen, zu dem es im Internet eine eigene Homepage gibt. Ihre Eltern dagegen wollen ein klassisches Spiel, das gerade nichts mit Computern zu tun hat.

Aufgabe 6: Eine Debatte zum Bikesharing durchführen

1) Informieren Sie sich im Internet über das Bikesharing. Beantworten Sie dabei die folgenden Fragen:

a) Wie funktioniert es? Wie bezahlt man?
b) Wo kann man die Fahrräder abholen und zurückgeben?
c) Welche Menschen benutzen das System?
d) Welche Städte haben ein Bike-Sharing-System?
e) Welche Fahrräder kann man ausleihen?

2) Lesen Sie den unten stehenden Text. Ordnen Sie die Vor- und Nachteile in eine Tabelle ein.

Vorteile	Nachteile

Sharevelo, das neue Bikesharing-System

- **Wie funktioniert es?**

Sie registrieren sich auf unserer online-Plattform unter www.sharevelo.com. Dort legen Sie ein Nutzerkonto an. Sie können sich dort einloggen und auf alle unsere Dienstleistungen zugreifen. Sie sehen dort außerdem alle unsere Mietstationen, können ein Fahrrad an einer bestimmten Station vorreservieren und natürlich können Sie dort auch bequem per Kreditkarte alle Ihre offenen Rechnungen bei Sharevelo bezahlen.

- **Wo sind die Stationen?**

Im Moment bauen wir unser Stationensystem laufend weiter aus. Wir sind derzeit in allen deutschen Städten mit mehr als 1 Millionen Einwohnern vertreten. Die Hauptstation mit den meisten Fahrrädern befindet sich in allen Fällen am Hauptbahnhof. Genaue Informationen zur Lage aller Stationen findet man auf dem Kundenportal unter www.sharevelo.com/stationen.

- **Wieviel kostet ein Sharevelo?**

Die Preise sind abhängig vom Standort. Jede Stadt hat die Möglichkeit, ihren Bürgern und/oder Besuchern Rabatte oder sogar kostenlose Bikes zur Verfügung zu stellen. In diesem Fall bezahlen Sie keinen Cent, die Kosten werden vollständig übernommen. Die Preise für jede individuelle können sie im Stationenfinder unter www.sharvelo.com/stationen einsehen.

- **Muss ich das Sharevelo wieder an die Ausgangsstation bringen?**

Das ist nicht unbedingt nötig und wäre auch contraproduktiv, weil Sie mit dem Sharevelo ja von A nach B fahren wollen. Allerdings sollten Sie beachten, dass die meisten Sharevelo-Stationen nur eine begrenzte Kapazität haben. Sollten Sie also ihr Velo an einer Station zurückgeben sollten, die bereits voll ist, müssen Sie das Velo solange behalten, bis ein Rückgabeplatz frei ist, oder Sie fahren zur nächsten freien Station. Mit der Sharevelo-App können Sie alle freien Rückgabeplätze auf einen Klick sehen. Wer aber sein Velo wieder an der gleichen Station zurückgibt, erhält einen Rabatt von 10%.

- **Was passiert im Fall von Diebstahl oder Beschädigung?**

Alle Sharevelos sind mit eine GPS-Tracker ausgestattet. Dieser ist so angebracht, dass man ihn nicht entfernen kann, ohne das gesamte Bike zu zerstören. Damit lohnt sich Diebstahl nicht. Sollte ein Sharevelo abhanden kommen, können wir es ohne Probleme verfolgen. Haftbar gemacht werden können Sie in diesem Fall als Diebstahlopfer, wenn wir nachweisen können, dass Sie das Fahrrad nicht ordnungsgemäß abgestellt haben, also wenn die Diebstahlsicherung nicht aktiviert wird, wenn das Rad außerhalb einer Station geparkt wird. Auch das kann der Tracker erfassen. Sollten Sie das Rad bei Benutzung beschädigen, stellen wir Ihnen die beschädigten Teile und die Reparatur in Rechnung.

- **Kann man das Sharevelo auch dauerhaft oder über Nacht mieten?**

Aus organisatorischen Gründen ist eine Langzeitmiete im Moment leider nicht möglich. Die Höchstmietdauer beträgt 72 Stunden, danach muss das Fahrrad wieder bei einer Station zurückgegeben werden. Sollte das nicht erfolgen, müssen wir von Diebstahl ausgehen.

3) In Ihrer Stadt wird überlegt, ein Bike-Sharing-System einzuführen. Weil die Fahrräder aus Steuergeldern bezahlt werden, diskutiert die Öffentlichkeit darüber. Der Bürgermeister hat eine Informationsveranstaltung für die Bürger organisiert.

Bereiten Sie diese Veranstaltung vor. Sammeln Sie dazu Argumente für und gegen die Einführung eines Bike-Sharing-Systems. Überlegen Sie sich zu den unten stehenden Personen und ihren Positionen jeweils passende Argumente.

4) Führen Sie die Debatte durch. Sie erhalten jeweils eine Karte, auf der die Rolle steht, die Sie in der Debatte haben.

Bürgermeister	**Leiter der Finanzabteilung der Stadt**
Der Bürgermeister will den Tourismus in der Stadt fördern.	Die Stadt hat nur wenig Geld und muss sparen.
Vertreter vom örtlichen Fahrradclub	**Vertreter einer sozialen Initiative**
Die Förderung der Mobilität mit dem Fahrrad muss gefördert werden.	Menschen, die sozial schwach sind, müssen mit den öffentlichen Geldern versorgt werden.
Vertreter des örtlichen Automobilclubs	**Vertreter der Opposition im Stadtparlament**
Die Stadt tut zu wenig für die Mobilität.	Die Stadtregierung muss genau kontrolliert werden, besonders bei den Ausgaben.
Der Steuerzahler	**Die Familie mit Kindern**
Das Geld, das ich mit meinen Steuern abgebe, soll sinnvoll verwendet werden.	Die Stadt muss freundlicher für Familien mit Kindern werden.

8 Diskutieren und Überzeugen

8.1 Selber überzeugt sein

Überzeugen ist das Resultat einer Auseinandersetzung mit einem Gegenstand oder Sachverhalt. Diese erfolgt nicht immer durch Interaktion, das wird bereits an der reflexiven Verwendungsmöglichkeit des Verbes „sich überzeugen" deutlich.

> Ein Bewohner kann sich davon überzeugen, dass er oder sie die Wohnungstür abgeschlossen hat, indem die Person überprüft, ob die Tür tatsächlich verschlossen ist.
>
> Ein Professor kann sich davon überzeugen, dass der Prüfling die notwendigen Inhalte nicht nur gelernt, sondern auch verstanden hat, indem er entsprechende Fragen stellt.

Im ersten Fall würde wohl niemand auf die Idee kommen, dass hier argumentiert wird. Im zweiten Fall dagegen schon. Im zweiten Fall kann der Prüfling auch den Professor davon überzeugen, dass dieser eine gute Note erteilen soll. In diesem Fall verwenden wir überzeugen aber nicht mehr reflexiv, denn wir überzeugen jemanden. Das schließt meist zwischenmenschliche Interaktion ein.

Aufgabe 1: Wer diskutiert, der ist oft von einer bestimmten Meinung überzeugt. Das bildet die Grundlage dafür, dass man gegenüber anderen Menschen eine bestimmte Position vertritt. Betrachten Sie die folgenden Sätze und geben Sie an, ob Sie bereits in ähnlichen Situationen gewesen sind.

> 1) Ich war davon überzeugt, dass die Studienentscheidung die richtige war, …
>
> 2) Der Wähler war bei der Bundestagswahl überzeugt, dass …
>
> 3) Das Kind ist vor dem Süßigkeiten-Regal überzeugt davon, dass …
>
> 4) Die Eltern sind überzeugt davon, dass für die Kinder …
>
> 5) Der Kunde ist beim Kauf des Autos überzeugt davon, dass ….

8.2 „Unabsichtlich" überzeugen?

Manchmal passiert es, dass man andere Menschen überzeugt, ohne dass man das bewusst plant. Man merkt das erst, wenn die andere Person z. B. sagt: „Das finde ich gut, das mache ich auch so."

Aufgabe 2: Im Folgenden finden Sie drei Probleme und jeweils drei Lösungsansätze. Wählen Sie aus den dargestellten Lösungsansätzen den aus, den Sie am besten finden und begründen Sie Ihre Entscheidung. Möglicherweise können Sie sich nicht für einen bestimmten Ansatz entscheiden. Versuchen Sie in diesem Fall zu erklären, wie Sie zu dieser Lösung gekommen sind.

Problem A:

Sie haben eine neue Arbeitsstelle angetreten. Ihre Aufgabe ist es, Fortbildungskurse zu organisieren, die bisher andere Kollegen durchgeführt haben. Alle Kollegen nehmen Sie freundlich auf, versuchen aber auch, Ihnen ihre eigene Arbeitsweise näher zu bringen. Sie müssen sich entscheiden, wie Sie vorgehen, um nicht einzelne Kollegen zu enttäuschen.

Lösungsansatz 1: Sie entscheiden sich für die Lösung des Vorgesetzten, weil Sie dann auf der sicheren Seite sind und bei Kritik darauf verweisen können, dass der Vorgesetzte ja immerhin die Weisungskompetenz hat.

Lösungsansatz 2: Sie entscheiden sich für den Lösungsansatz, des ältesten Kollegen mit der meisten Erfahrung, da Sie sicher sein können, dass seine Konzepte und Materialien am besten funktionieren.

Lösungsansatz 3: Sie hören sich alles an, nicken freundlich und versuchen aus all den Vorschlägen eine Lösung zusammenzusetzen, mit der Sie am besten arbeiten können.

Problem B:

Sie haben von Ihrem Chef den Auftrag bekommen, einen Karrieretag für Studierende der umliegenden Universitäten zu organisieren. Sie haben als Studierende zwar bereits an solchen Karrieretagen teilgenommen, aber sich dabei nur wenig für die Organisation interessiert.

Lösungsansatz 1: Sie rufen Ihre ehemalige Dozentin an der Universität, von der Sie wissen, dass sie mit solchen Organisationsaufgaben betraut war. Sie fragen, wie sie das machen sollen und übernehmen das Konzept der Dozentin.

Lösungsansatz 2: Sie machen eine Umfrage unter Kolleginnen und Kollegen, Freunden und Bekannten (auf Facebook) und fragen, was diese machen würden oder erwarten würden. Aus den Vorschlägen wählen Sie die besten aus.

Lösungsansatz 3: Sie besuchen eine ähnliche Veranstaltung einer Firma im Nachbarort und übernehmen deren Konzept mit einigen Vereinfachungen.

Problem C:

Der Sportverein, in dem Sie Mitglied sind, veranstaltet seine jährliche Spendenfahrt wie immer am 3. Advent. Bereits Monate vorher ist der der Termin klar. Dieses Jahr allerdings hat Ihr Chef gerade für das 3. Adventswochenende kurzfristig einen Workshop angekündigt, bei der eine interessante Person Ihres Faches auftritt, die sonst nur schwer zu treffen ist. Auch andere Kollegen haben das Problem, dass sie eigentlich am 3. Advent Weihnachtsfeiern bzw. andere Verpflichtungen haben.

Lösung 1: Eine Kollegin setzt klar Prioritäten. Der erste Termin gilt, alles andere hat nur zweite Priorität. „Da hätte der Chef eben früher Bescheid sagen müssen", meint sie auf Bedenken.

Lösung 2: Ein Kollege setzt ebenfalls Prioritäten, allerdings ganz andere. Der Job geht vor, immer. Schließlich bekomme ich dadurch ja auch mein Geld, also muss alles andere warten. Auch er hat für dieses Wochenende bereits eine Weihnachtsfeier im Kalender, zu der seine Frau nun aber allein geht.

Lösung 3: Ein weiterer Kollege steht ebenfalls vor dem Problem einer Terminkollision. Er versucht aber, beide Veranstaltungen unter einen Hut zu bekommen. Er beschließt, dass er zwar zu der Veranstaltung des Chefs kommen wird, diese aber vorzeitig verlassen will, um noch zum Krippenspiel seiner Tochter in der Schule zu kommen.

8.3 Überzeugt werden

Überzeugt zu werden, das passiert vielleicht nicht häufig, möchte man zumindest denken. Bei einem Verkaufsgespräch ist klar: Der Kunde muss überzeugt werden. Im Grunde gibt es hier eine Symmetrie. Aktiv überzeugen, passiv überzeugt werden. Wir nehmen nun die Position des Kunden ein, also der Person, die überzeugt wird. Sie muss dem Verkäufer signalisieren, dass sie überzeugt ist. Das ist wichtig, sonst argumentiert der Verkäufer immer weiter, weil er versucht, den Kunden weiter zu überzeugen. Im Folgenden finden sich einige sprachliche Signale, mit denen man dem Verkäufer ein Zeichen geben kann, dass man bereits überzeugt ist.

Das klingt ganz vernünftig, ja.

Da muss ich Ihnen recht geben.

Das kann ich nachvollziehen, ja.

Stimmt, das habe ich mir auch schon gedacht.

Es kann aber auch passieren, dass das Produkt, von dem der Verkäufer Sie überzeugen will, nicht passt. Sie können sich durch das An- bzw. Ausprobieren davon überzeugen, dass Sie die Hose nicht kaufen wollen. Sie überzeugen sich von Fakten/Gefühlen/Eindrücken, also werden Sie nicht immer von der anderen Person überzeugt. Darum sind manchmal auch Phrasen nötig, mit denen man zeigt, dass eine weitere Diskussion unnötig ist. Dabei sollte man aber nicht abweisend, gegenüber den anderen Diskussionsbeteiligten wirken.

Jetzt ist mir klar geworden, dass…

Ich weiß, dass …, aber gut, dass Du es nochmal gesagt hast.

Ich habe an einem bestimmten Punkt festgestellt, dass…

Nachdem, was ich an Erfahrungen gemacht habe, …

Der Standpunkt hat mich überzeugt, weil…

Aus den Fehlern der letzten Jahre haben wir gelernt, dass…

Aufgabe 3: Argumentation bei der Planung einer großen Veranstaltung

Jede Universität, jede Firma und jede Feuerwehr hat einmal im Jahr einen Tag der offenen Tür. Ein derartiges Event muss sorgfältig geplant werden, denn es dient vor allem dazu, die Institution (Universität, Firma, Feuerwehr, …) der Öffentlichkeit vorzustellen. Diese soll folglich einen guten Eindruck bekommen. Pannen oder unklare Zeit- und Ortsangaben können diesen Eindruck schnell ins Negative wenden und müssen darum vermieden werden.

a) Sie waren schon einmal bei einem Tag der offenen Tür. Was hat Ihnen sehr gut gefallen, was weniger? Versuchen Sie, aufgrund der Erfahrungen in einem kurzen Text eigene Überzeugungen zu formulieren, die Sie vorher nicht hatten. Die Redemittel in diesem Teil können Ihnen helfen. Denken Sie an die Abhängigkeiten der einzelnen Planungsaspekte.

b) Sprechen Sie mit einem Kommilitonen bzw. einer Kommilitonin über Ihren Text. Fragen Sie, was er/sie an Ihrem eigenen Hochzeitskonzept überzeugend fand und was weniger.

9 Verhandeln im politischen, geschäftlichen und privaten Kontext

9.1 Wie ist der Zusammenhang zwischen Verhandlung und Argumentation?

„Die Verhandlungen sind zäh", sagt man oft. Meistens spricht man dann im Kontext von politischen oder diplomatischen Problemen. In diesen Bereichen muss viel verhandelt werden, weil es viele verschiedene Interessen und Positionen gibt. Das Ziel von Verhandlungen ist ein Kompromiss, in dem jeder möglichst viele seiner Forderungen verwirklicht sieht. Auch bei den Vereinten Nationen wird oft und lange verhandelt. In Kriegsgebieten, wo die verschiedenen Interessen mit brutaler Gewalt durchgesetzt werden, sind Verhandlungen einerseits besonders wichtig, andererseits können sie auch sehr schnell scheitern. Nicht selten werden solche Verhandlungen von einer Seite auch abgebrochen und die bisher erzielten Teilerfolge sind wieder null und nichtig.

Im Gegensatz zu den diplomatischen oder politischen Verhandlungen sind Verhandlungen im geschäftlichen Bereich von anderen Interessen geleitet. Auch hier sucht man natürlich nach einer Kompromisslösung, aber vor allem in Hinblick auf Angebot und Preis. Man spricht hier auch oft davon, dass man jemandem beim Preis entgegenkommt, folglich geht man als Verkäufer mit dem Preis nach unten, weil der Käufer lieber einen niedrigeren Preis bezahlen will und der Käufer geht mit seiner Preisforderung nach oben, weil der Verkäufer möglichst viel Geld für seine Ware haben will.

Im geschäftlichen Bereich geht es aber nicht nur um den Preis, sondern teilweise auch um Vertragsbedingungen, Liefertermine, Lieferoptionen, Rückgabekonditionen, Zahlungsoptionen und Vieles mehr. Im Prinzip kann man sagen, dass alles, was nicht gesetzlich geregelt ist, durch Verhandlungen erarbeitet werden muss, die dann, wenn ein Kompromiss gefunden wurde, mit dem alle Seiten zufrieden (oder zumindest gleichermaßen unzufrieden) sind, in einem Vertrag festgehalten wird.

Neben den geschäftlichen Verhandlungen gibt es auch im privaten Bereich Verhandlungen, die meistens zwar nicht so genannt werden, trotzdem aber die Kriterien dafür erfüllen. Verhandelt werden kann alles, was das tägliche Zusammenleben erfordert, also etwa die Frage, wo man in den Urlaub hinfährt, was man am Wochenende zu Mittag kocht, welche Farbe das neue Auto haben soll, ob man ein neues Bett braucht oder das alte noch reparieren kann u. v. m.

Nicht immer sind Verhandlungen erfolgreich, im politischen bzw. diplomatischen Bereich ohnehin nicht, wie bereits oben dargestellt wurde. Aber auch im geschäftlichen und privaten Bereich nicht. In einem solchen Fall müssen die Verhandlungen abgebrochen werden. Man kann überlegen, ob man sie zu einem späteren Zeitpunkt dann fortsetzt, oder man die Sache dann auf sich beruhen lässt.

Aufgabe 1: *Lesen Sie den oben stehenden Text und ordnen Sie die untenstehenden Begriffe einem der Absätze zu.*

a) Auch bei geschäftlichen Verhandlungen sucht man einen Kompromiss
b) Es geht nicht nur um den Preis
c) Abbruch oder Chance auf Wiederaufnahme?
d) Zähe Verhandlungen im politischen und diplomatischen Bereich

9.2 Verhandlungssituationen

Aufgabe 2: Die beste Anreiseoption aushandeln

Endlich geht es in den Urlaub. Alle freuen sich, diesmal soll es etwas weiter weg gehen, nämlich auf die Malediven. Azurblaues Meer, zuckerweiße Strände und ein warmes Klima versprechen einen Urlaub wie aus dem Urlaubskatalog. Nur der Weg dorthin ist etwas weiter. Die freundliche Beraterin im Reisebüro hat drei Optionen erarbeitet.

Sie sind mit Ihren Mitreisenden im Reisebüro und müssen sich entscheiden, denn heute ist der letzte Tag des Angebots, das für 12 Tage pro Person nur 899.- Euro kostet, alles inklusiv.

Anreiseoption 1	Anreiseoption 2	Anreiseoption 3
Diese Option behinhaltet einen Flughafentransfer im Sammeltaxi (maximal zwei weitere Abholpunkte) und Priority-Check in. Die Airline ist durchgehend Lufthansa, die als zuverlässig gilt. Ein Umstieg in Neu-Delhi (Indien) ist notwendig. Auch am Urlaubsort angekommen brauchen Sie sich um nichts kümmern: Bequem werden Sie im rpivaten Shuttle vom Flughafen abgeholt. Aufpreis dieser Option: 675,- pro Person	Hier fahren Sie mit dem Zug nach Berlin. Vom Flughafen Tegel aus fliegen Sie mit Air India nach Colombo in Sri Lanka. Von dort geht es mit dem Schiff, einem modernen Katamaran auf die Malediven. So wird bereits die Anreise zum unvergesslichen Erlebnis. Vorteil dieser Option: das Schiff setzt Sie an der Insel ab, auf der Ihr Hotel liegt. Aufpreis für diese Option: 535,- Euro pro Person.	Bei dieser Option organisieren Sie Ihre Anreise zu einem Flughafen Ihrer Wahl selbst. Mögliche Abflughäfen sind Hamburg, Berlin Tegel, Frankfurt/Main, München und Düsseldorf. Sie fliegen entweder über Rom nach Perth (Australien). Von dort nach Colombo auf SriLanka, wo Sie das Flugzeug nach Malé nehmen. Den Transfer vom Flughafen zur Hotelinsel organisieren Sie wieder selbst. Aufpreis für diese Option: keiner

Aufgabe 3: Evaluation der Erfahrungen beim Verhandeln

Nachdem Sie eine Verhandlung durchgeführt haben, welche Schwierigkeiten sehen Sie für eine Verhandlung? Was ist aus Ihrer Sicht wichtig?

Aufgabe 4: Im Lotto gewonnen

Max, 29 hat 250.000 € im Lotto gewonnen. Allerdings steht Max vor der Entscheidung, was er nun mit dem vielen Geld machen soll. Bisher hat er noch niemandem von dem Gewinn erzählt, aber er weiß, dass einige seiner Freunde, Bekannten und Verwandten eine finanzielle Unterstützung gut brauchen können. Doch Max ist sich der Gefahr bewusst, die entsteht, wenn man zu schnell von seinem plötzlichen Reichtum erzählt.

a) Lesen Sie die Rollenkarten und verteilen Sie die Rollen.

b) Suchen Sie Argumente für Ihren Vorschlag.

c) Notieren Sie Redemittel, die Sie verwenden wollen.

d) Diskutieren Sie und einigen Sie sich.

Vater Rolf, 63:	Oma Olga, 81:
Ist selbstständiger Handwerker und leitet einen Betrieb mit 8 Mitarbeitern. Da er aus gesundheitlichen Gründen nicht mehr schwer arbeiten darf, steht der Betrieb vor der Schließung. Mit dem Geld könnte man einen Geschäftsführer engagieren und damit die Arbeitsplätze retten.	Sie ist Witwe und lebt alleine. Langsam werden ihr der Haushalt und das tägliche Leben zu schwer, da sie auch an Diabetes leidet. Sie will in ein schönes Altersheim in der Nähe von München ziehen.
Mutter Ida, 58:	**Schwester Karin, 23:**
Sie arbeitet im Betrieb ihres Mannes. Auch sie möchte den Betrieb retten und auch für die Pensionierung vorsorgen, indem sie in einen Rentenfonds einzahlt.	Sie studiert an der Universität Medizin. Sie träumt von einem Studium an einer renommierten Universität in den USA fortzusetzen. Um die Studiengebühren bezahlen zu können, bräuchte sie mehrere Tausend Euro.
Sohn Benni, 15:	**Frau Melanie, 32:**
Er möchte am liebsten eine eigene Band gründen. Im Schulmusikwettbewerb hat er bereits mehrfach Preise gewonnen. Er übt jeden Tag in einem Kellerraum, den er selber mit viel Mühe zum Probenraum umgebaut hat.	Sie hat Max das Lottospielen eigentlich verboten, weil die Haushaltskasse ohnehin knapp ist. Durch Konkurs ihres Arbeitgebers, einer großen Drogeriemarktkette hat sie ihre Arbeit als Filialleiterin verloren und ist derzeit arbeitslos. Sie kümmert sich zu Hause um den Haushalt.

Liste nützlicher Ausdrücke

Vorbemerkung: Die Ausdrücke müssen zum Teil dem Kontext angepasst werden. In mehreren Fällen ist zudem auch die Kombination oder Variation von Ausdrücken möglich. Sofern die Grammatik stimmt und die Bedeutung dem inhaltlichen Kontext entspricht, sind der Kreativität der Sprachbenutzers kaum Grenzen gesetzt.

Zustimmen:

Dem kann ich nur zustimmen
Das ist richtig.
Das sehe ich genauso. Das sehen viele Menschen so.
Ich hätte es nicht besser sagen können.
Dem ist nichts weiter hinzuzufügen.
Da kann man nur beipflichten.
Es ist völlig richtig, dass…
Es ist in der Tat so, wie es x beschrieben hat.

Nachfragen/infrage stellen

Sind Sie sicher, dass…?
Wie kommen Sie darauf, dass…?
Haben Sie da nicht etwas übertrieben?
Kann man tatsächlich sagen, dass…?
Wer hält es denn für möglich, dass…?
Doch stimmen diese Behauptungen/Anschuldigungen/Versionen überhaupt?
Müsste man nicht zunächst einmal klären, ob…?

(teilweiser) Widerspruch:

Das sehe ich nicht ganz so.
Man sollte das etwas differenzierter betrachten.
Es stimmt zwar schon, dass…, aber es gibt auch Fälle, für die das nicht gilt.
Man muss zugeben, dass …, aber daraus kann man nicht immer schließen, dass…
Einerseits stimmt es natürlich, dass…, andererseits ist das aber dann auch wieder überhaupt nicht zutreffend.
Wer allerdings denkt, dass man nun … folgern kann, der liegt leider daneben.
Wenn es nur so einfach und eindeutig wäre. Ist es jedoch leider nicht.
Das kann man so sehen, muss man aber nicht.
Obwohl viele der genannten Aspekte dem Leser aus der Seele sprechen werden, muss man doch einschränkend sagen, dass…

Ablehnung

Damit bin ich leider gar nicht einverstanden.
Ich habe dazu eine ganz andere Position.
Die oben genannte Sicht wird von vielen Beteiligten vertreten, aber damit löst man das Problem auch nicht.
Über so etwas kann man nur den Kopf schütteln.
Es ist überhaupt nicht nachvollziehbar, wie man auf eine derartige Idee kommen kann.

Diese Schlussfolgerungen sind allerdings schlichtweg falsch.
Man kann das so sehen. Man kann es aber auch vollkommen anders sehen.
Die oben beschriebene Argumentation hat allerdings einen kleinen Fehler: Sie
überzeugt nicht, denn...

Beispiele geben

So steht/wird/kommt/braucht/... etwa die ...
Konkret bedeutet das dann etwa, dass...
Als Beispiel könnte man hier anführen, dass...
In der Praxis heißt das dann, ...
Der Fall des ... wäre ein Beispiel für ...
Konkrete Beispiele lassen sich viele finden, zwei werden zur Veranschaulichung dargestellt.

Mehr oder bessere Argumente liefern

Es gibt noch viel wichtigere/bessere/relevantere/dringendere Aspekte, die für x/gegen y sprechen.
Auch in anderen Bereichen findet man noch Argumente für/gegen x.
Darüber hinaus muss man auch sagen, dass...
Im Übrigen ist y nicht nur auf x begrenzt.
Man sollte auch nicht vergessen, dass....
Ergänzt werden kann noch...

Konzilianz üben

Manche sagen so, andere so und andere wiederum ganz anders. Die Wahrheit liegt wohl irgendwo in der Mitte.
Als Kompromiss könnte man sich auf ... verständigen.
Mit ... könnten wohl trotz tiefgreifender Differenzen alle leben.
Damit könnte man sich anfreunden/arrangieren.

Zusammenfassen/ein Zwischenfazit geben

Man kann daran erkennen, dass...
Derartige Fälle zeigen, dass...
Man kann also zusammenfassend sagen...
Was haben diese Fälle gemeinsam? Sie sind alle...
Insgesamt betrachtet gibt es also eine Reihe von Gründen für oder gegen...

Schlussfolgerungen ziehen

Folglich ist es völlig richtig zu sagen, dass...
Die gemachten Ausführungen haben deutlich gemacht, dass...
Geht man also von x und von y aus, dann ergibt sich als logische Folge z.
Was bleibt zum Schluss? Vielleicht die Einsicht, dass...
Es sollte nun klar geworden sein, dass...
Als Schlussfolgerung kann man an dieser Stelle nun ziehen, dass...

Literaturverzeichnis

Ekman, Paul (1999): Facial Expressions, in: Tim Dalgleish, Mick Power (Hrsg.): *Handbook of Cognition and Emotion*, Chichester: Wiley, S. 301-321.

Zirbik, Jürgen (2013): *Sie können das. Kommunikation mit GMV – mit gesundem Menschenverstand überzeugen – Kommunikation für Führung, Verkauf und den ganzen Rest.* Nürnberg: Friendship-Verlag.

Online-Quellen

Loriot (o. J.): Der Anzugkauf, [online] http://www.dailymotion.com/video/x2mt2rb [letzter Aufruf am 04.12.2017].

Kovacs, Peter (2013): Mimik lesen und deuten - die 7 Basisemotionen - nach Paul Ekman, [online] https://www.youtube.com/watch?v=6pJeW4eAw0c [letzter Aufruf am 04.12.2017].

Welt der Wunder (2013): Wohnungssuche, [online] https://www.youtube.com/watch?v=lxsubqgebFA [letzter Aufruf am 04.12.2017].

Schäfer, Stefanie (2017): Kauf Eigentumswohnung für Einsteiger. Mit praktischen Beispielen, [online] https://www.youtube.com/watch?v=-Z_SBcDTqCE [letzter Aufruf am 04.12.2017].

FSC
www.fsc.org
MIX
Papier | Fördert
gute Waldnutzung
FSC® C083411

Zeitfracht Medien GmbH
Ferdinand-Jühlke-Straße 7
99095 Erfurt, Deutschland
produktsicherheit@kolibri360.de